Literarischer Verein der Pfalz e.V.
Gezogene Zeit

Wellhöfer Verlag
Ulrich Wellhöfer
Weinbergstraße 26
68259 Mannheim
Tel. 0621/7188167

info@wellhoefer-verlag.de
www.wellhoefer-verlag.de

Titelgestaltung: Uwe Schnieders, Fa. Pixelhall, Malsch
Satz: Wellhöfer Verlag, Mannheim
Titelfoto: Birgit Heid

Die Erzählungen sind frei erfunden. Ähnlichkeiten mit wirklichen Personen oder tatsächlichen Ereignissen sind nicht beabsichtigt und somit rein zufällig.

Das vorliegende Buch einschließlich aller seiner Teile ist urheberrechtlich geschützt. Jede Verwertung ist ohne schriftliche Zustimmung des Verlages unzulässig.

© 2017 Wellhöfer Verlag, Mannheim

ISBN 978-3-95428-238-8

Literarischer Verein der Pfalz e.V.

Gezogene Zeit

Vorwort

Bereits Ende des Jahres 2015 formulierte der damalige 1. Vorsitzende des Literarischen Vereins, Herr Dr. Klaus Haag, den Wunsch, nach sieben Jahren wieder eine Anthologie als Jahresgabe unseren Mitgliedern zu überreichen. Die zu Beginn 2016 wiederholte Idee scheiterte jedoch aus zeitlichen Gründen, erst im Sommer bei einem Vorstandstreffen wurde das Thema Anthologie wieder aufgegriffen und die konkrete Entscheidung hierzu formuliert. So sollte die Ausschreibung landesweit erfolgen, möglichst alle Tageszeitungen in Rheinland-Pfalz sollten angeschrieben werden. Die Idee des Arbeitstitels »Während ich warte« entstand beim Hören einer Radiosendung über ein Theaterstück ähnlichen Namens eines syrischen Autors. Mit dem Verleger, Herrn Ullrich Wellhöfer, wurde im Sommer 2017 der Titel »Gezogene Zeit« gefunden.

Nach der erfolgten Mitgliederinformation im Begleitschreiben zur vergangenen Jahresgabe (Feb. 2016) sowie in der Einladung zur Mitgliederversammlung (Okt. 2016) und in den Mitglieder-Rundschreiben per E-Mail, darüber hinaus durch die Ausschreibung in vielen Tageszeitungen bekam ich im Herbst bis Jahresende 2016 zahlreiche Autorentexte zugesandt. Insgesamt wurden 105 Texte von 45 Autoren zugestellt. Von den etwa 80 literarisch aktiven Autoren des Literarischen Vereins haben 25 Autoren Texte geschickt, 20 der Autoren waren keine Mitglieder. Diese Personen jenseits des Literarischen Vereins wurden zumeist von Vereinsmitgliedern auf die Ausschreibung aufmerksam gemacht oder sind in einer unserer Autorengruppen innerhalb der Sektionen aktiv. Manche von ihnen wurden in der Zwischenzeit Mitglieder des Literarischen Vereins der Pfalz.

Sämtliche Texte wurden von mir anonymisiert an das Redaktionsteam gesendet. Zugleich erhielten die Redakteure Marianne Baun, Natascha Huber, Katrin Kirchner, Margit Kraus und Stefan Vieregg ein Dateiformular, in das hinter die jeweiligen Textnummern eigene Kommentare sowie Schulnoten eingetragen werden sollten. In der ersten Märzwoche erhielt ich die ausgefüllten Auswertungsformulare zurück und bildete aus den jeweiligen Noten einschließlich meiner eigenen Bewertung Durchschnittsnoten. Nur diejenigen Texte mit einer Durchschnittsnote von 3-4 wurden während der Redaktionsbesprechung behandelt. Bei allen anderen Schriftstücken fiel die Entscheidung über die Aufnahme aufgrund der besseren oder schlechteren Durchschnittsnote. Insgesamt wurden 37 anonymisierte Werke gemeinsam besprochen, von denen 20 nach eingehender Untersuchung leider ausgeschlossen werden mussten. Selbstverständlich fand die Diskussion und Auswertung durch das Redaktionsteam sachlich und nur am Text orientiert statt. Ausgewählt für die Anthologie wurden letztendlich 85 Texte, 58 von Mitgliedern und 27 von Nichtmitgliedern.

Diese Werke stellte ich je nach inhaltlichem Schwerpunkt in vier Gruppen zusammen, die ich folgendermaßen betitelte: »Erwarteter Freund«, »Ungewissheit«, »Das Ungeheuerliche« und »Mondnacht«. Innerhalb dieser Unterkapitel erfolgte die Reihung der Texte nach dem Alphabet. Eine ganze Reihe von Textstücken befasste sich mit dem Themenbereich Freundschaft/Liebe sowie mit der Thematik Krankheit/Sterben. Gerade die letztgenannten fallen durch ihre besondere Intensität auf. Wie auch die letzten Anthologien umfasst dieses Buch Werke dreier Generationen, und es fällt auf, dass überraschend »junge« Ideen auch »alten« Köpfen entspringen können, ebenso wie es umgekehrt der Fall ist.

Ich hoffe, ich habe Sie neugierig gemacht, das manchmal leidige oder bange, manchmal traumselige oder hoffnungsfrohe Warten in all seinen Facetten zu betrachten, zu verstehen und zu genießen. Nutzen Sie *Ihre* Zeiten des Wartens für die Lektüre, zum Philosophieren und Kreativsein. Oder wartet das vielschichtige und herausfordernde Leben auf uns?

Für die Redaktion und Herausgeber

Birgit Heid, erste Vorsitzende des Literarischen Vereins der Pfalz e.V.

Erwarteter Freund

Knut Busch

Wartezeiten

Weißt du noch, als ich dir von dem Bild erzählte, jenem engelsgleichen Antlitz mit den leuchtenden Augen, welches in meinem Herzen wohnte, und von den zahllosen Nächten, in denen es meine Träume füllte? Wir genossen damals unsere junge, unschuldige Liebe und schütteten uns ohne Fragen unsere Herzen aus. Doch bald erschien das Bild jede Nacht und ich empfand die Liebe zu dir als Lüge. Als wir Abschied nahmen, hast du mich heftig beschimpft. Schon in der folgenden Nacht wartete ich vergebens. Die Nacht verweigerte mir das Bild, obwohl ich mich jede Nacht sehnte und darauf wartete, dass es wieder zurück in meine Träume käme.

Wochen und Monate wartete ich, und mit jedem neuen Tag wurde ich mehr des Wartens müde.
  Andere Menschen kreuzten meine Wege, und ich glaubte, das Bild vor mir zu haben. Ich begann, voller Gier zu leben und zu lieben.

Dann, in einer schlaflosen Nacht, war das Bild wieder da.
  Es hatte sich verändert, war nicht mehr nur engelhaft schönes Antlitz, sondern auch Körper geworden, mit lockendem Verlangen.

Immer häufiger gelang es mir, das Bild in meinen Kopf zu träumen. Und immer häufiger ignorierte ich die Liebe, ließ Freundschaften erfrieren und fügte Menschen Leid zu. Weil sie nur Teil des Bildes sein konnten.

Teil eines Bildes, das dem reinen Engelsbild, von dem ich dir damals erzählt habe, kaum mehr glich. Das Wissen um die Abgründe des Denkens, der Schmerz des Gebärens, aber auch das Wachsame des Beschützens und die Glut genießender Sinnlichkeit waren nun in dem Antlitz vereint und hatten es um vieles schöner und noch unerreichbarer gemacht.

Ein ganzes Leben lang habe ich darauf gewartet, dass aus dem Bild ein lebendiges Wesen entstehen würde. Nun flackert mein Blick, und ich hoffe darauf, dass die Sehnsucht mir das Bild mit auf den Weg gibt.

Nein, ich habe deine Tränen nicht vergessen, deine nicht und nicht die Tränen anderer, die ich verlassen habe, um zu dem Bild zurückzukehren. Dafür mag ich euch alle um Vergebung bitten und euch versichern, dass ich immer mit dem ganzen Herzen gefühlt habe.

Manfred Dechert

Ich verkaufe – meine Worte – hm, der Preis ... Nein, fünfzig Cent pro Wort – oder ein Euro, ein Satz ... 1000 Euro pro Geschichte – Du hast recht – ich bin größenwahnsinnig. Nein, ich verkaufe ... hm ... eine Berührung! Ja, aber – das kann ich nicht, ich verkaufe doch nicht mein Gefühl. Oder gar meinen Körper – nein, ihn wollte keiner kaufen, und ich brauche ihn noch, unbeschadet.

Geld bräuchte ich, aber auch Herzensgeld, das mein Seelenkonto auffüllt.

Ich verkaufe – ein Lied – ja, man sagt, ich singe nicht schlecht, ich singe nur eine Strophe, zu mehr reicht es nicht. Also, etwas Herzensgeld hier in die Tüte bitte, nein, ich fühle mich doch wieder wie ein Bettler ...

Wenn ich doch ein Maler wäre, mit teurer Galerie, mit vielen Farben, mit Stirnband und guter Inspiration ...

Dann schaust du durch mein Schaufenster und staunst, und ich lache zurück.

Dann trittst du ein, willst eines meiner großen perfekten Bilder kaufen – und ich geleite dich in einen zweiten, kleinen Raum, in dem ein gebeugter Dichter Worte aufschichtet. Liebe Worte, sinnliche Worte, böse, zärtliche, verrückte, suchende, ganz verträumte Worte ...

Du fragst, wie er in meine Galerie kommt, und ich sage, er wohnt hier zur Herzensmiete, und von jedem verkauften Bild gebe ich ihm zwanzig Prozent für seine Wortarbeit. Da lachst du schrill, doch ich lache zurück, und der Dichter auch, und ein Vierter malt uns, wie wir da stehen, und du siehst uns einen Tag später in seinem neuen Bild.

Renate Demuth

Brauche mer die?

Ich hätt's wisse känne: Kää Veloss uff Berdi unn ich Dusseldier ringefall uff denne Luschi met seim ewiche Jo-allemol-gar-kää-Froo-Gesaisel. Es jedem recht mache wolle unn 's net geback krieje, tybisch Berdi. Irchendwie zu gut fer die Welt! Ach, Berdi, hättschde doch Nää gesat, äänfach korz unn binnich Nää, dann hättschde dich, häbgedreht wie de bischt, net se verrobbe brauche, unn e annerer, wo mich vum Spätzuch abholt, wär met Sicherhäät noch uffsetreiwe gewesst.

Es is zum Gääßegiechdrekrieje! Wie e Waggong uffem Abstellglääs – so kumm ich mer vor. Allegebott e Blick uff die Uhr. Gut unn gääre finfezwanzich Minudde losst er mich schunn uffem Bahnhofsvorplatz abhänge, der Bammbel, unn ich eier mich grien unn freer mich bloo.

Ich muss grad an das Geläschder vum Maxe neilich in de Wertschaft dengge. Bei seim Kolleech Berdi dääts beruflich net so flott wie bei ihm vorwärts gehn, was mich noh denne Erfahrunge kää bissje Wunner nemmt. Klar, de Maxe, der alt Strunzer, is e anneres Kaliwer! Der kleddert – zack, zack, zack! – die Karriereläder steil enuffer, weil der met seiner Schlawwergosch unn seine spitze Elleboo sei Ding dorchzieht ohne Ricksicht uff Veluschde, unn wie charmant schlawänzle der kann, wann's sinn muss, vorausgesetzt, es nitzt ihm selwer. Awwer hätt der alles stehn unn leije gloss, fer mich om die Zeit von de Bahn absehole??? Es is halt alles net so äänfach, wammer's dobbelt nemmt.

Ään iwwers anner Mol schuggert's mich im Dezemberfusselrään, unn mei Zewe mudeere noh unn noh zu Eiszabbe. Vor mer die lichderglitzerich erausgebutzt

Inkaafsstrooß, vun irchendwoher Gloggegebimmel, Weihnaachtsliedergeduddel. Ich bin net in Stimmung fer so ebbes.

Leit kumme, Leit gehn, e jeder in Hetz, wie wann de Deiwel hinnerm her wär, weil kenner meh Zeit hat heitsedaas. Nor ich muss, ob's mer basst odder net, am ausgemachde Platz waade wie bestellt unn net abgeholt.

Mei Handy mol werrer ohne Saft, leergequasselt wää demm Dauerdischbedeerches met demm Lawergret vun Luwwies, das wo gemäänerhand iwweraal Krimmele im Käs se suche hat unn dann kää Enn meh findt wann's drom geht, denne Kuddelmuddel se bereiniche. Jetzert hann ich's am digge Dääl. Wie de Ochs vorm Scheierdor steh ich do, weil ma, wie jeder wohl wääß, ohne funktioneerendes Handy reddungslos uffgeschmiss is.

Ach herrje, grad däbbelt so e Aldi im Schneggetembo an mer vorbei, gritzegroo, schäbb unn bucklich, awwer met rer Dasch, vollgestobbt, wie wann se von rer Welträäs häämkäm. Echt hinnedraan, die do, hat – wie's aussieht – noch net metkriet, dass Gepäcksstigger heitsedaas Rolle hann. Arich abzawwle muss sich die, kummt grad noch met Mieh unn Not serand, muss awei uffem Trottwar stehn bleiwe, fer erscht emol se schnaufe. Met emme iwwergroße Sackduch tubbt se sich alsfort die Stern. Wahrscheinlich will se eniwwer an die Bushaldestell. Die is dumm draan, wann se net abgeholt werd.

Wer mer verdammt unangenehm uffffallt, das is der Flabbes do driwwe unner de Stroßelamp, so enner vun demm Lummbekores vun sunschtwoher met dreggichbrauner Hautfarb, ingemummelt in e Kabuzejubbe, dodezu Turnschlabbe an de Fieß. Met hochgezohne Schuldre steht der als nor do, guckt unn guckt, rehrt sich net vum Fleck, hat aanscheinend nix Gescheides se dun. Ich meecht gar net wisse, was der Fäächer im Rischbel hat. Hädde mer denne gebraucht? Ääns wääß ich: Type von der Sort sinn unser Unnergang. Ma kann sich nimmi sicher fiehle im eichne Land.

's werd als späder unn späder. Wo nor der tranfunzlich Berdi bleibt?

Holla, awei awwer uffgebasst! Der schrääch Ausländer setzt sich in Beweechung, laft zielstreewich Richdung Stroßerand unn – Himmel, nää! – gradwägs uff die dadderich Oma zu. Nadeerlich werrer mol kää Bolizischt in de Näh! Sowas wär jo a e Wunner. Warom hammer die eichentlich? Do bleibt emm nix anneres iwwrich, wie genaueschdens hinsegugge wää de Täderbeschreiwung späder.

Grad ewe – mer bleibt nägscht's Herz stehn – greift er doch glatt noh der riesich Dasch! Unn dann – ich kann's kaum glawe, mer falle ball die Aue ausem Kobb – hogelt er das alt Frääche unner, fehrt's Schrittche fer Schrittche ganz langsam met greeschder Vorsicht iwwer die Stroß, während er von de Autos per Handzeiche Ricksicht velangt, helft emm gedullich in de Bus, schiebt glei die Dasch noh, winkt a noch.

Jesses, hann ich mich jemols so arich geschämt?!!!

Korz druff halt's Audo vum Berdi. »Stei dabber in!«, ruft er zu mer riwwer.

»Du Armes, ich wollt dich aanrufe, awwer du warscht net se erreiche. In de Nochbarschaft hat's e Problem gebb. Die Leit hann unbedingt Hilf gebraucht; ich hann se doch net hänge losse känne. Kumm, ich vezehl's deer glei am Disch; ich hann uns dehääm e Owendesse gericht.«

»Ach, Berdi, du treiji Seel! Dangge fer alles! Dangge!«

Mei Freind Berdi unn der Ausländer – zwää, wie se unnerschiedlicher net sinn kännde, unn doch hann se ebbes gemäänsam. Ob mer so Leit brauche, hann ich mich allen Ernschdes gefrot gehatt.

Ei-jo, awwer klar doch, unbedingt!!! Wer sunscht däät uns dann die Welt redde?

Däät ich's? Däätscht du's?

BIRGIT HEID

Abgelegen

Vor der Kneipe wartet sie auf Tom, doch er lässt sich nicht blicken. Andere Gäste verlassen einzeln oder paarweise die Lokalität, nur Tom ist nicht unter ihnen. Im Schein der Laterne sieht sie auf ihre Uhr. 3:45 Uhr. Der Parkplatz ist vom Nieselregen der vergangenen Stunden feucht, und aus den matten Spiegelflächen bilden sich einzelne Pfützen. In einer spiegelt sich ein Abblendlicht wider. Sie tritt auf der Stelle. 3:51 Uhr. Noch vier Minuten, dann müsste sie nach einer Alternative Ausschau halten. Ein anderer zeigt stattdessen am Ausgang des Schuppens seine Konturen. Er wartet offenbar auch.

3:55 Uhr. Der Fremde zieht sein Smartphone aus der Tasche, tippt, wischt. Mit frustriertem Gesichtsausdruck steckt er es wieder in die Jackentasche. In ihrer Handtasche funkt ebenfalls nichts. Weshalb ist mir der Typ da vorne nicht schon in den letzten Stunden aufgefallen, denkt sie. Ich war wohl mit Tom zu sehr beschäftigt. Ganz zu recht, denn Tom hat von dem gewissen Etwas eine doppelte Portion anzubieten. Unseren Flirts heute Abend folgten wieder ein paar gezielte Berührungen. Wir kennen uns noch ziemlich gut, sinniert sie. Seine neue Story allerdings ist ziemlich speziell. Er erzählte etwas von einer gemeinsamen geheimen Aktion. Ich hätte vielleicht besser aufhorchen sollen und fragen, wie er sich die Sache so ungefähr vorstellt. Doch ich schenkte seiner Andeutung wenig Beachtung. Ich war auch nicht auf einen derartigen Überfall vorbereitet und wollte Tom lieber so sehen, wie ich ihn kennengelernt hatte. Womöglich stelle ich jetzt, da er mich ein wenig eingeweiht hat, ein Risiko für ihn dar. Vielleicht kommt er deshalb nicht und ist längst durch den Hintereingang verschwunden.

3:58 Uhr. Sie wartet nicht länger und geht auf den Fremden zu.

»Auch wie bestellt und nicht abgeholt?«, fragt sie.

»Der kommt schon gleich«, gibt er zur Antwort. »Und du?«

»Mein Typ ist verschwunden, hat sich anscheinend aus dem Staub gemacht.«

»Wie das, bist doch ganz adrett?«, fragt er mit einer Unschuldsmiene.

»Keine Ahnung.«

»Echt nicht?« Er schüttelt ungläubig den Kopf.

»Nein, vielleicht wollte er heim zu Mami.«

»Oder zu Frauli?«, schmunzelt er.

»Auch möglich«, seufzt sie schulterzuckend.

»Gehen wir noch was trinken, jetzt, wo wir so zufällig herumstehen? Ich kenn' ne super Pinte in der Stadt«, schlägt der Fremde vor.

»Ja, okay. Aber was ist mit deinem Typen? Oder Lady? Du wartest doch auch, oder?«

»Anscheinend bleibt der noch länger. Jetzt wo du da bist, hab ich keine Lust mehr auf die Warterei.«

»Verstehe«, erwidert sie gekünstelt schüchtern.

»Auto dabei?«, fragt er.

Sie schüttelt den Kopf.

»Wo musst'n hin?«

»Nach Westheim.«

»Dann steig ein, fahren wir ein Stück in die Richtung, im Neubahnviertel liegt das *Kola*, das ist der krasse Schuppen!«

Ein schwarzer Wagen mit einheimischem Kennzeichen. Die Fahrt geht auf die Autobahn. Sie hat den Eindruck, dass der Kerl, der sich David nennt, sie ausfragen will. Vor allem interessiert er sich dafür, weshalb sie sich in diesem Lokal aufgehalten habe. Er glaubt ihr anscheinend nicht, dass es nur wegen der Verabredung mit Tom war.

»Warum denn nicht?«, fragt sie etwas naiv.

»Weißt du nicht, was da so abgeht?«

»Hab ich schon mitbekommen, aber erst mal geht es mich nichts an, was andere treiben.« Sie bemüht sich, keine Schwäche in der Stimme zu zeigen. David schüttelt leicht den Kopf. Das Autoradio spielt Rocksongs.

Auf dem Nordbahnhof sind sie sich vor zwei Jahren begegnet, als sie wegen eines Zugausfalls eineinhalb Stunden auf dem Bahnsteig warten mussten. In der Wartezeit entwickelte sich ein anregendes Gespräch. Er sei Pharmavertreter, erzählte Tom damals. Ihr gefiel er auf der Stelle. Ein Jahr später trafen sie sich in der Disco wieder. Sie tanzten die ganze Nacht lang, bis sie eng umschlungen erst an der Theke herumhingen und sich dann in seinem Zimmer wiederfanden. Den Morgen verbannten sie erfolgreich nach draußen und auch den Rest des Tages verbrachten sie zwischen Bett, Küche, Sofa und Badezimmer. An jenem Sonntag redeten sie kaum, dafür atmeten sie umso schwerer. Spätnachmittags quatschten sie sich noch mal ins Bett. Tom war schon längere Zeit liiert, und sie hatte gerade einen neuen Freund. Also blieb es damals bei diesem One-Day Stand. Nette Verabschiedung, Kleider richten, heimfahren und abwarten, was Stef dazu sagte. War ja klar, was die Folge war. Bei einem neuen Freund. Er zog die Reißleine.

Sie fragt David, was ihn denn in die abgelegene Lokalität getrieben habe. »Derlei Geschäfte, die du eben angedeutet hast?«, fragt sie grinsend.

»Ja«, meint er, »ich suche das Abenteuer, kenn schon ein paar Freaks von dort. Milieustudien, verstehst du?«

»Aha, alles klar. Bist du Spion oder Schriftsteller?«
»Das zweite«, antwortet er fröhlich.
Also beobachtet er mich doch, frisches Futter für seinen nächsten Roman, denkt sie.
»Wann sind wir im *Kola*, David?«
»Ein paar Straßen noch, gleich sind wir da. Was machst du beruflich so? Millieu- oder Männerstudien?«
»Beruflich bin ich bei SKV im Innendienst. Männerstudien sind eher mein Hobby«, lacht sie. Und in Gedanken: Seit damals bin ich ja solo, da sind Männerstudien mehr als ein Hobby, eher lebensnotwendig.

Tom wird die Bekanntschaft mit Sigi mulmig. Im Laufe des späten Abends wird ihm klar, dass Sigi noch vieles von dem weiß, was er ihr vor zwei Jahren erzählt hatte. Und vor einem Jahr. Er kommt ins Nachdenken, als sie sich auf die Toilette verabschiedet. Die Nacht in der Disco, und dann daheim. Da blühte sie plötzlich auf, fühlte sich wohl sicherer. Wow, war das geil! Er spürt es deutlich. Sie kann ihm noch immer die Hose deutlich einengen. Dabei hat er heute Abend eigentlich anderes mit ihr im Sinn, hofft auf ihre Anhänglichkeit, gerade, weil sie solo ist. Doch Sigi erscheint ihm abwartend, vielleicht sogar vorsichtig, was seine Anmerkung betrifft, zumal es weitläufige Geschäftskontakte zwischen ihrer Firma und ihm gibt. Sicher, die könnten der Sache im Weg stehen. Seine Gedanken schweifen wieder in die Vergangenheit.

Gabi schöpfte zwar an jenem Tag *danach* keinen größeren Verdacht, denn es kam öfter vor, dass Tom von unterwegs aus vergaß, sich daheim zu melden. Gabi hatte sich längst daran gewöhnt, vermutlich ließ sie es sich ebenfalls gut gehen. Jedenfalls wirkte sie meist gut gelaunt, wenn Tom am Wochenende nach Hause kam. Doch bei Sigi bekam er damals ein ungutes Gefühl. Deshalb war es besser, sich nicht so bald wieder zu sehen. Allerdings plant er eben jetzt eine Einkaufstour im Ausland und begann gerade, ihr bruchstückhaft davon zu erzählen. Wie ist ihr Verhalten zu deuten? Sollte ich sie noch einmal gezielter fragen? Während der weiteren Gespräche und Flirts in der Nacht verstärkt sich sein Gefühl, dass mit Sigis Hilfsbereitschaft tatsächlich nicht zu rechnen ist. Sie führen ihren Smalltalk weiter, und kurz nach dem Bezahlen sucht er noch schnell den Weg zur Toilette. Er sieht die Gelegenheit, sich davonzustehlen. Erst auf der Autobahn fällt ihm, müde und durch die geplante Angelegenheit abgelenkt, ein, dass er Sigi am Abend mit seinem Auto mitgenommen hatte. Sie wird schon anderweitig nach Hause kommen.

Tom fährt in seine neue Wohnung am Stadtrand. Er zappt sich querbeet durch die Fernsehprogramme und durch seine sozialen Netzwerke, doch nach drei Runden stellt er eine gewisse Leere und Unruhe an sich fest. In den nächsten zehn Tagen steht die Reise nach Rumänien an. Den Lieferanten hatte er zum wiederholten Mal kontaktiert, Tom geht dem sicherlich schon gehörig auf die Nerven, gewiss wird er froh sein, das Geschäft mit Tom schleunigst abwickeln zu können. Doch die Qualität muss unbedingt stimmen. Und die Anzahl. Man weiß ja bei diesen Osteuropäern nie, ob sie einen im letzten Moment nicht doch übers Ohr hauen und einem eine mindere Güte oder ein doch zu hohes Alter der Tiere andrehten. Er sieht nochmal in seinen Fachbüchern nach. Unten am Bauchrand ein rotes Sägezahnmuster, die Hautflügel adrig und glatt, leicht bläulich bei schräger Draufsicht, und die Fühler, auf die Länge der Fühler kam es an. Er würde auf zwanzig Stichproben bestehen. Bei zwei Abweichungen würde er 15 Prozent des vereinbarten Preises abziehen. Herunterhandeln des Abzugs auf 10 Prozent inbegriffen. Bei drei Abweichungen müssten es 25 Prozent sein, und vier würde er nicht mehr akzeptieren. Er vergleicht die Detailfotos auf seinem Handy.

Der Weg auf dieser Reise stellt sich jedoch als das zweite Problem bei seiner Aktion dar. An den Grenzen dürfe nichts schief gehen, gerade von und nach Osteuropa. Sigi hätte er als Fahrerin gut gebrauchen können. Doch ihre Reaktion war nicht nur für den Geschäftsmann Tom eine Enttäuschung. Ich hatte mir mehr erhofft, murmelt er. Mit gefühlsmäßigen Kleinigkeiten kann er sich derzeit nicht abgeben, gerade jetzt, wo er sich wie ein Pionier auf einer fantastischen Insel fühlt.

Sigi sieht sich David von der Seite an. Das Profil gefällt ihr. Die Nase von angenehmer Größe und elegant gebogen. Gepflegter mittelbrauner Dreitagebart. Feine Augenbrauen und eine gemäßigt fliehende, perfekte Stirn, wäre da nicht sein allzu hoher Haaransatz. Sein Kinn springt interessant hervor. Er scheint ein humorvoller Typ zu sein. Wie selten in der heutigen Zeit. Waren wir früher unbeschwerter?, fragt sie sich. Per Anhalter über die Milchstraße, und dann den Regenbogen entlang ins nächstgelegene Bett, das war schon was. Die Männer sind komplizierter geworden. Und dicker. Sie betrachtet Davids Bauchansatz. Er trägt eine schwarze, leicht abgeschabte Lederjacke und Jeans.

Nach dem Smalltalk im *Kola* lädt er sie in seine bescheidene Wohnung ein. Sie reden und philosophieren sich in den Morgen. Sigi bekommt zunehmend den Verdacht, von David durchleuchtet, geformt und weich gekocht zu werden. Jedoch erzählt er auch über seine Erlebnisse mit merkwürdigen Menschen aller Art und über seine

Fragen nach den Ursachen für manches absonderliche Verhalten. Warum beispielsweise pflegt eine Frau ihren Vater bis zur eigenen Erschöpfung, obwohl er die Tochter früher sexuell missbraucht hat? Was treibt letztendlich den Vater an, seine Tochter zu vergewaltigen? Warum foltert eine Mutter ihren kleinen Sohn? Was sind die letzten Gedanken im Leben? Oder die letzten Gedanken, bevor jemand einen andern umbringt? Woher kommt der bedrohliche Zulauf zu rechtsextremen Organisationen, wie damals schon, bei Hitler?

Er will wissen, was sie bei dem Wort Hitler fühlt, und sie gehorcht, weil es ihr schmeichelt, dass sich jemand für ihre Gedanken und Empfindungen interessiert. Sie denkt nach, gibt Stichworte. Er fragt mit einfühlsamer Stimme nach Farben, Geräuschen und Gerüchen. Welche Stimme hört sie in sich, und was sagt oder schreit diese Stimme? Welche Angst entwickelt sie dabei und was will sie in ihrer Vorstellung unternehmen? Er fragt, ob sie auch mit ihm ins Bett wolle und sie bejaht.

Vielleicht will er mich am Ende meiner Aussagen belohnen? Oder mich entsorgen, weil ich emotional ausgelutscht bin. Denn er kann forschen und bohren wie niemand, den ich sonst so kenne. Langsam bekomme ich den Verdacht, dass er seine eigenen Empfindungen testen will, wenn er mich am Ende als heulendes Elend gekrümmt auf dem Teppichboden liegen sieht. Natürlich alles nur für sein neues Buchprojekt. Und natürlich würde ich reich belohnt werden. Haha. Weshalb hat er nicht gleich eine vernünftige Vereinbarung mit mir für einen späteren Zeitpunkt getroffen? Schon klar, niemand würde dabei mitspielen, wenn er vorher weiß, was da auf ihn zukommt. Und die Belohnung, die man bei einem solchen Psychospiel verlangen müsste, könnte er gar nicht bezahlen, so viele Bücher verkauft er bestimmt nicht.

Und doch ist er ihr sehr sympathisch. Er kocht ihr Tee, bereitet ein schmackhaftes Menü zu, währenddessen sie sich ein wenig erholen kann. Ja, er will auch wissen, ob sie schon mal sexuell belästigt oder vergewaltigt wurde und wie sie sich gefühlt hat. Die Panik und den Mut vor langer Zeit will er aus ihr herauskitzeln, diese nackte Überlebensangst, dieses Verlieren des eigenen Identitätsgefühls, die Reduktion auf den Kern des Seins. Dabei schreibt er in seinen Laptop, ohne den Blick von ihr zu lassen. Er sitzt auf dem Sofa, ein wenig niedriger als Sigi, die auf einem gepolsterten Armlehnstuhl thront. Dann zeigt er ihr Bilder, die sie interpretieren soll, wobei er ihr geschickt immer wieder Fragen stellt und sie dabei in bestimmte Richtungen lenkt.

Auch will er wissen, was sie von der Flüchtlingsdebatte hält. Gibt es nicht Widersprüche? Sollte man eine Obergrenze einführen? Was tun, wenn andere Länder sich weiterhin verweigern? Alle aufnehmen? Ja? Nein? Warum nicht? Was wird passieren? Wenn zu viele zu eng zusammenleben, wenn Einkommensunterschiede immer größer werden? Wenn sich viele nicht integrieren lassen und Parallelgesellschaften entwickeln? Wenn die Zahl der Flüchtlingsterroristen steigt? Wenn sich auf ihren Arbeitsplatz ein geförderter Syrer bewirbt? Er treibt sie in die Enge und schürt ihre Ängste. Weiter und weiter. Sie verweigert sich, doch er lässt auf seine smarte Art nicht locker. Sie gibt klein bei. Tiefer und tiefer geht der Weg bergab. Er bittet sie aufs Sofa. Deckt sie mit einer Fleecedecke zu.

Natascha Huber

Außerhalb des Gedichts

An meinem Ohr geworfene Münzen
oder das Aufflackern deines Namens:
Ein schmaler Grat zwischen Kopf,
Zahl oder Feuer. Nach dir gefragt,

greife ich nach den gefallenen Geld-
stücken, kleine in Kupfer gestochene
Geschichten, kaum zu erkennen. Du
liegst wie ein zerkratztes Stück Welt

in meiner Handfläche: schwache, halbierte
Sprache dem Publikum gereicht und zurück
bleibt Ratlosigkeit. Wie der Versuch von Regen
zu sprechen oder den Frühling aus deinem Gesicht

zu lösen. Immerzu träumt meine Zunge,
dieser schwere Knoten aus Blei.

Natascha Huber

Schiffe versenken

Flussabwärts werfe ich die blinden Augen:
an deinem Blick brechende Wellen, aufgerissene
Clapotis, Berechnungen von Wassertiefen.
Die Lücke im Namensschild, die goldenen Streifen

auf deinem Hemd – Schwingungs-Knoten dieser Art
sind mir fremd. Meine Lippen schiffen aus
dem Hafen ihres Schweigens, ein erstes Wort
kentert, ein zweites setzt den Anker

ins Leere. Deine Hände erinnern mich
an Ebbe, mein verlorenes Aufgrund-
gehen. Wenn wir wieder an Land sind
erzähl ich dir die Geschichte der Donau neu.

Gisela Hübner

falte den himmel

falte den himmel
abwaschbar
nicht ganz farbecht
auf den du als kleinkind
mit weißen zehen
deine freude maltest

hier unten
vulkanisch
kocht deine zeit –
aus unerschöpflichem schoß
stößt sie früchte hervor
glühende brocken
die herz und zehen
unter sich begraben

falte den himmel
beizeiten zusammen-
auseinander
wenn eines nachts
die decke dir
entgleiten wird

Gisela Hübner

Erwartung

schwarzfuß-indianerin nacht
noch schleicht sie weich
am tagesrand
ihren auftritt verzögernd

für mich muss der tag
sein pensum verlängern
damit du den weg findest
bis hin zu mir zu mir

die tapetenblumen des wartezimmers
müdfarbene astern
und herbstzeitlose
langweiliges geblüh

doch sie duftet nach rose
schweigt liebesworte mir zu
deine blume von gestern

ehe die alte uhr ihre
keulenschläge erteilt
ehe sie deine blume trifft
glühende blätter
verlöschen lässt

eil dich
der tanzschritt der nacht
drückt sein muster schon
in diese stunde!

Katrin Kirchner

Langgedicht

Ich bleibe sitzen und warte.

Wo alles um mich herum sich aufmacht
nach Hause zu gehen,
bleibe ich sitzen und warte auf dich
an dem Tisch auf der Straße
vor dem Café.

Die Kellner sammeln die
Aschenbecher ein
und der eine fängt an,
an den leeren Tischen
die Stühle mit Ketten
zusammenzubinden.
Der Tee vor mir ist kalt,
der Kaffee getrunken,
der Kuchen gegessen und nun der Tee,
der auch schon lange
auf dem Tisch steht vor mir
und den ich nicht austrinken kann,
weil du immer noch nicht da bist.

Ich denke an den gestrigen Abend,
wo du bei unserem Gespräch mich
seltsam leer angeschaut hast und ich kaum
dein trauriges Lächeln ertragen konnte,
wegschauen wollte und doch nicht konnte,
während du über deine Kollegin sprachst.

Und ich zu der Frau schaue am Nebentisch,
die ebenso, wie ich, zu warten scheint.

Schön ist sie mit den schwarzen Haaren
im Pagenschnitt, dem grauen Kostüm
und den hellroten Lippen.
Und ich die Tasche mit dem Olivenöl,
direkt aus der Ölmühle in Italien,
vom Stuhl wegnehme und
neben mich auf den Boden stelle
und mich nicht mehr darüber freuen kann,
dass ich es nun doch gefunden habe
in dem kleinen Laden an der Ecke,
hier, in der Altstadt,
wo wir uns vor Jahren
zum ersten Mal getroffen,
in diesem Café, das es noch gibt,
was mich wundert,
wo sich doch vieles heutzutage verändert.

Die Frau am Nebentisch hat immer noch
dieses Wartegesicht,
verloren aber auch traurig
oder ist es missmutig,
vielleicht auch wütend,
und ich daneben am Tisch
auch wartend.

Ein Wind kommt auf.
Es wird langsam dunkel.
Die neben mir wartende Frau
schaut zum Himmel,
schüttelt energisch den Kopf
guckt zu mir, als sähe sie mich
gerade erst.
Sie, sagt sie, Sie da,
warten Sie auch auf jemanden?
Ich schaue mich um. Meint sie mich oder wen?

Ja doch, Sie meine ich! Warten Sie auch auf jemanden,
habe ich gefragt.
Ich nicke und schaue sie an.
Ja, sage ich leise.
Nun, sagt sie, ich gehe jetzt, ich bin es leid.
Ruft laut nach dem Kellner zum Bezahlen,
packt ihre Sachen, nickt mir kurz zu und steht auf.
Bleibt dann stehen, schaut sich
noch einmal in alle Richtungen um.
Und geht endgültig.

Und ich jetzt gänzlich allein gelassen
denke an deine blauen Augen,
die ich doch so liebe, wie alles an dir.
Deinen Geruch, den ich tief in mich hineinrieche
und den blonden Oberlippenbart,
der an den Seiten deines Mundes
zusammentrifft mit dem Bart an deinem Kinn.
Ich seufze und denke, ich muss nun auch gehen,
die wollen schließen und Feierabend machen.
Haben genug gearbeitet an diesem Tag
Dann der junge Mann, der gerannt kommt,
sich umschaut und sein Blick
an mir hängenbleibt und
er auf meinen Tisch zutritt.
Kennen Sie Robert, fragt er,
sagen Sie doch, kennen Sie einen Robert,
und ich langsam nicke,
und er sich fallen lässt auf einen Stuhl
an meinem Tisch, tief Luft holt,
schweigend und ernst
einen Augenblick mich anschaut.

Dann bricht es aus ihm heraus,
ein Robert ist in meinen Armen gestorben,

dort hinten an der Hauptstraße
nach einem Unfall.
Ich war bei ihm, bis der Notarzt da war.
Er hat mir noch sagen können,
dass ich in dieses Café gehen soll, hier an der Ecke
und eine junge Frau dort suchen und ihr sagen,
dass er sie liebt trotz allem Streit,
der vorgekommen zwischen ihnen in den letzten Wochen,
und mir in diesem Augenblick deine Zähne einfallen.
Weiß nicht, warum mir gerade jetzt deine Zähne einfallen?
Der eine, der ein wenig schief in deinem Mund steht
und den ich fühle, wenn du mich küsst.

Kalt wird mir von innen heraus.
Ich fange an zu zittern,
obwohl doch eigentlich Sommer ist.
Es tut mir so leid, sagt der junge Mann und,
wenn ich etwas für Sie tun kann, sagen Sie es.
Hier, meine Handy-Nummer, rufen Sie mich an.
Legt eine Visitenkarte auf den Tisch,
die er aus der Hosentasche gezogen hat.
Steht auf, geht und schaut sich nicht mehr um.

Ich sitze da,
wo alles um mich herum sich aufmacht,
nach Hause zu gehen,
bleibe ich sitzen am leeren Tisch.
Schaue ein tiefes Loch in das Nichts,
kann mich nicht bewegen, bin wie gelähmt.
Langsam laufen Tränen über mein Gesicht.

Ich bleibe,
wo alles um mich herum sich aufmacht,

nach Hause zu gehen,
bleibe ich sitzen.
Die Kellner sind fort,
haben das Licht ausgemacht,
mir einen unsicheren Blick zugeworfen.
Sind weggegangen.
Auch sie haben jemanden,
der auf sie wartet, zu Hause.

Ich nehme meine Tasche vom Stuhl
neben mir und suche nach meinem Schlüssel,
schaue ihn verständnislos an
und lege ihn zurück in die Tasche.
Lange kann ich hier nicht mehr sitzen.
Es wird kühler und der Himmel wird dunkler.
Die Leute, die nun an meinem Tisch vorbeilaufen,
haben es eilig.
Ich kann nicht gehen. Ich will nicht gehen.
Wo alles um mich herum sich aufgemacht hat,
nach Hause zu gehen, zu denen, die es dort gibt,
bleibe ich sitzen.
Es wird still in der Stadt.

Allein bin ich nun und immer noch
laufen Tränen über mein Gesicht.
Da höre ich schnelle Schritte und dann kommt
er um die Ecke, mein Robert,
der mit den blauen Augen und dem blonden Bart,
und schaut mich an.
Gottseidank, sagt er, du bist noch nicht weg.
Es tut mir leid, ich konnte nicht früher.

Er zieht mich hoch und
ungläubig schaue ich ihn an.
Sag nichts, bittet er.

Sag gar nichts.
Nimmt mich in den Arm.
Verzeih mir einfach!

In mir ist Staunen,
es weicht der Erleichterung.
Ein gewaltiges Gewicht rutscht
von meinem Herzen runter in meine Knie,
die zittrig mir werden.

Ich halte ihn, meinen Robert,
und halte mich fest an ihm,
der da wirklich vor mir steht,
mir zarte Worte ins Ohr flüstert,
dann meine Hände nimmt, sie umdreht,
und langsam erst die eine,
dann die andere Handfläche zärtlich küsst,
mich liebevoll anschaut mit seinen blauen Augen.
Komm, sagt er, komm wir gehen nach Hause,
es wird kühl.

Christiane Kluge

wasser

am bach sitzen
und den forellen
lauschen

welch sonderbarer
traum war das

als könnten wir
mit den fischen
weinen

Christiane Kluge

späte himbeeren

du lässt
geheimnisse
schweben

leuchtkäfer
im garten

zur abschiedsstunde
setzen sie sich
im grase nieder

schließen
die flügel

und warten
auf deine
wiederkehr

REINER KRANZ

anfang

ein tasten war es
ein sich finden

im eigenen wort
in dem des anderen

wollen und hoffen
lag zwischen allem
verborgen erst
und dennoch klar

keiner hörte
unser erstes sprechen
der holunder nur
und seither wächst er
schneller in den himmel

Margit Kraus

Zeit zum Kuscheln

Fest der Farben
gesättigt von Bildern
des Jahres
ich verweigere noch lange
den knochenklappernden Totentanz

noch leben Schmetterlingsflügel
von meinen Küssen

Papierdrachen flattern über Dorfdächer
bewölken die graue Himmelhaut

Barmherzig die Botschaft
von rauhem Reifen Ruhn

bereit zur Wärme
des Winters

Michael Landgraf

Erwarteter Freund

Erwartet
oder unverhofft,
auch herbeigesehnt,
kommst du,
mein Freund.

Kommst schleichend,
oder geschwind,
beim Beben der Erde,
des Herzens
oder der Seele.

Du liebst es
zu tanzen
und lädst dazu ein,
doch lässt du erstarren,
bis sich Schleusen öffnen.

Du bist da,
auch wenn dich
viele verdrängen
und verbannen
aus ihren Gedanken.

Seit es mich gibt,
bist du in meiner Nähe,
hast deine Freundschaft
meinem Vater geschenkt,
mit Neunzehn.

So begleiten mich früh
Gedanken an dich,
und mehr als andere
merke ich auf,
wenn du erscheinst.

Lange wollte ich
dein Freund nicht sein,
war dir gram,
weil dein Besuch
oft zu früh kommt.

Lange dachte ich,
du seist mein Feind,
weil du Leben veränderst,
so radikal,
so endgültig.

Lange hatte ich
Angst vor dir,
weil du wirktest
so geheimnisvoll,
so dunkel.

Doch ich begriff,
dass Angst vor dir
mehr schadet,
als dass ein Leben
dadurch reich würde.

Deine Freundschaft
erscheint mir nun
wie ein Schimmer,
auf den ich zugehe,
Schritt für Schritt.

So erwarte ich,
mein Freund,
mit dir zu tanzen,
aber es muss ja
nicht gleich heute sein.

Thomas M. Mayr

In meinem Sessel

Die Ohren des Sessels
Richten sich auf
Mein Buch
Meine Beine hoch gelegt
Ich schaue
Auf
Wütende Böen
Die in den Flieder greifen
Rosen pflücken
Aufkeimender Regen
Pocht ans Fenster
Ziegel klappern ausfallend
Durch das Buch hindurch
schnuppere ich
Kaffeeduft

Regina Pfanger

Kairos – eine katholische Familiengeschichte

Ich starre auf die Zeitung und weiß nicht, was ich damit machen soll. Die Anzeige ausschneiden? Wohin damit? In die Schublade? Damit sie irgendjemand später findet und sich den Kopf zerbricht darüber, was mich mit dieser Frau verbunden hat, die niemand kannte in meinem Umfeld, deren Name nie so aufgetaucht ist, wie er hier zu lesen ist: Christel Durant. Christelle hätte ich ihn eher geschrieben, als ich in Gedanken einen Brief entwarf, damals, als ich für eine Weile ganz besessen war vom Namen dieser Unbekannten und ihrer Geschichte. Ihr Familienname hat nichts mit unserer Familie zu tun, es muss der Name ihrer Mutter gewesen sein, der französische Name, den sie damals angenommen hat und der mich noch neugieriger gemacht hat auf ihre Geschichte, die sowieso etwas Geheimnisvolles hatte, aber durch den französischen Namen noch einen Hauch von Exotik bekam, etwas leicht Verruchtes, zumal für Pfälzer Ohren. Das war, was mein Mann mir vorwarf, als ich ihm erzählte, was mir zugetragen worden war: Dich fasziniert doch nur, dass das Ganze etwas von Seifenoper an sich hat, aber da geht es um reale Personen mit Erwartungen und Ansprüchen. Schlaf drüber, hatte er gesagt, und ich hatte es getan.

Ich hatte es mir ausgemalt damals: Dass wir da sitzen, spät in der Nacht, bei einem Glas Wein, oder, genauer, beim dritten oder vierten, weil es eine Weile dauern wird, bis die Zungen gelockert und das Vertrauen so gefestigt ist, dass es kein Fremdeln mehr gibt, oder wenigstens kaum noch. Das war ganz am Anfang, als ich noch nicht wusste, dass Wein eben nicht dabei sein dürfte, auf gar keinen Fall. Aber eine Kerze, hatte ich mir vorgestellt, eine Kerze musste wenigstens dabei sein, weil mit ihr Bedenken und Zweifel zusammen dahinschmelzen würden im Laufe unseres Gesprächs. Dass es schwierig sein würde, das war mir bewusst, natürlich war es mir klar, dass es ihr wehtun musste zu hören, was ich hatte und sie nicht, obwohl es ihr zugestanden hätte. Und deshalb hatte ich bald begriffen, dass das Fotoalbum nicht zu den Requisiten des ersten Abends gehören durfte, auf gar keinen Fall.

Eigentlich hatte ich damals vorgehabt, es direkt zu machen, direkt am nächsten Tag, nachdem ein Bekannter meines Schwagers mir die Geschichte erzählt hatte. Weißt du eigentlich, dass du eine Verwandte hast, die es schafft, Franzosen deutschen Wein zu verkaufen, hatte er angefangen und von dieser Christel erzählt, die beim Weingut Dr. Trutwin die Franzosen mit Chic und Charme bei Blindproben so durcheinanderzubringen wusste, dass sie irgendwann benebelt Champagner für Winzersekt hielten und Riesling für Chablis. Das Problem war nur, dass sie damals, als er das erzählte, schon nicht mehr bei Trutwin arbeitete und die ganze Geschichte über ihre Herkunft erst deshalb zum Thema geworden war, weil er nach der Christel gefragt und erfahren hatte, dass sie nach einer längeren Krankheit auf ärztlichen Rat gekündigt und erklärt hatte, dass die Arbeit in einem Weingut für sie nicht mehr infrage komme. Sie musste absolut trocken bleiben, hatte man dem Bekannten meines Schwagers erklärt, der mir beteuerte, dass sie auf ihn überhaupt nicht wie eine Alkoholikerin gewirkt habe, kein bisschen, sondern eben nur munter und fidel und vielleicht ein bisschen überdreht, was ja bei Französinnen sozusagen irgendwie zum Markenzeichen gehöre. Der alte Dr. Trutwin habe ihm persönlich versichert, dass es, wenn auch zu seinem Bedauern, doch seine Richtigkeit hatte mit den Vorsichtsmaßnahmen, weil sie schwere psychische Probleme hatte wie schon ihre Mutter vorher, aufgrund dieser vertrackten Familiengeschichte. Alkohol ist keine Lösung, hatte er geseufzt und dann hinzugefügt, ja, aber kein Alkohol allein ist eben auch noch keine ...

Vielleicht war es ein Fehler, nicht aus dem Bauch zu handeln, damals, als ich wie elektrisiert war von dieser Geschichte und am liebsten direkt losgefahren wäre, um sie ausfindig zu machen. Sondern den Pfarrer zu fragen, ausgerechnet den Pfarrer, als er meiner Mutter die Krankenkommunion ins Altenheim brachte ... Der mir dann sagte, es gelte, den Kairos abzuwarten, den günstigen Moment. Und der sei sicherlich nicht gegeben, solange es meiner Mutter so schlecht gehe. Ich solle überlegen, was es für sie bedeuten würde, in ihrem Zustand mit solchen Fragen behelligt zu werden, mit Fragen über ihren Bruder, den sie geliebt und verehrt hatte wie keinen anderen Menschen auf der Welt. Und ob ich, mit Verlaub, dem auf bloßem Hörensagen beruhenden Gerede mehr Glauben schenken würde als dem guten Ruf, der meinem Onkel noch nach Jahren nachhallte.

Ich habe auf ihn gehört damals und meine Mutter nicht angesprochen. Es aufgeschoben bis nach ihrem Tod, der ja schon absehbar war damals. Der Krebs hatte gestreut, eine Operation war aussichtslos, eine Chemo wäre Quälerei gewesen. Auch mein Mann hat mir geraten, diese Christel nicht aufzusuchen, solange meine Mutter noch lebte. Wer A sagt, muss auch B sagen, hatte er gemeint und dann, als ich wissen wollte, was er damit sagen wolle, erläutert: Wenn du sie ansprichst und sich die Sache wirklich als wahr erweist, wirst du dieser Christel nicht verwehren können, ihre einzige noch lebende Tante aufzusuchen. Es hatte mir eingeleuchtet, und deshalb hatte ich auf Abwarten gesetzt.

Die Zeit, in der meine Mutter noch lebte, habe ich damals bewusst genutzt, um etwas über meinen Onkel zu erfahren. Viel wusste ich eigentlich nicht über ihn, nur, dass ich ihn vergöttert hatte als Kind und dass ich ihm ähnlich sah mit den blonden Locken und dem Grübchen am Kinn. Wir sahen alte Alben durch, meine Mutter und ich, es gab Bilder, die ihn zeigten mit mir als Baby auf seinem Arm, später, wie er mich auf der Schaukel anschubste und ich vor Vergnügen zu juchzen schien, auf einem Sessel vor der Bücherwand, wie er mir vorlas, einmal auf dem Motorroller, mit dem er damals in der Stadt unterwegs war, wenn er zu Krankenbesuchen musste, wie meine Mutter erzählte, er im schwarzen Anzug mit weißem Kragen, ich in einem gepunkteten Sommerkleidchen und wehenden blonden Haaren. Rund um die Uhr da für alle, die ihn brauchten, schwärmte sie, und ich verstand, dass ich den Satz im Gespräch mit der neuen Cousine schwerlich würde zitieren können. Beim Betrachten der Bilder wurde mir immer mulmiger zumute, weil ich verstand, dass solche Bilder dieser Frau wehtun mussten, da sie es sein sollte, die so mit ihm zu sehen war, und nicht ich. Ich nahm die Fotos zum Anlass, meine Mutter zu befragen über die wichtigsten Stationen im Leben ihres Bruders, und sie erzählte von seinem Studium, dem Jahr in Rom, und dass er sich da ausgekannt hatte wie in seiner Westentasche, und von seiner Priesterweihe und seiner Primiz, und wie stattlich er ausgesehen hatte in dem Messgewand, das sie gestickt hatte, ein Bild von einem Mann ...

Ich nutzte die Gelegenheit und fragte, ob er denn nicht vielleicht auch gern eine Frau und Kinder gehabt hätte, und sie sah mich an, als wäre ich nicht bei Sinnen.

Er war doch Priester, sagte sie in einem Ton, als müsse sie mir das Einmaleins erklären, und dass ein Priester nur für seine Gemeinde lebte, und dass er für Frau und Familie gar keine Zeit gehabt hätte. Er war einer vom alten Schlag, sagte sie schwärmerisch und erzählte mit nassen Augen von seiner Beerdigung, während ich mir Gedanken über ihre zu machen begann, ein Priesterbegräbnis mit zehn Geistlichen, zu dem Busse kamen von überallher, aus den Gemeinden, in denen er für ein paar Jahre der Mittelpunkt gewesen war, Seelsorger, Vermittler bei Streitigkeiten, Ansprechpartner für alle … Ich dachte mir meinen Teil, während sie aus den Grabreden zitierte, und fragte mich, ob die Mutter von der Christel auch dabei war, angefahren in einem der Busse, zusammen mit dem alten Fanclub aus der Pfarrgemeinde, zu der sie gehörte und in der alle sie kannten oder es sich zumindest einbildeten. Ich konnte auch nicht fragen, da ich ja den Namen nicht kannte, zumindest den Mädchennamen der Mutter von dieser Christel kannte ich nicht, und als ich den Namen Durant einmal vorsichtig ins Spiel brachte, sagte meine Mutter, dass es im Viehstrich einige hatte mit französischen Namen, dass die aber in den meisten Fällen meinen Onkel nichts angegangen seien, weil das durchweg Protestanten waren. Und sowieso hatte sie daran nicht mehr so viele Erinnerungen, weil er ja später versetzt wurde, vom Wein zum Rhein, sagte sie, und vom Dorf in die Stadt. Ja, genau, Anfang der Sechziger sei das gewesen, in der Zeit, als sie mit mir in guter Hoffnung war, sagte meine Mutter damals.

1959–2017, steht unter dem Namen in der Todesanzeige.

Es ist eine Frau in unserem Alter, hatte der Bekannte von meinem Schwager damals gesagt. Beim Geburtstag meines Schwagers war das gewesen, das Gespräch hatte sich zufällig ergeben, zu vorgerückter Stunde, als ich in sentimentaler Stimmung erwähnt hatte, wie wichtig mir Familie war, wo ich selber kaum Verwandtschaft hatte, weil die Brüder meines Vaters patriotisch im Krieg gefallen und die Regnapfs mütterlicherseits vor lauter Katholizismus ausgestorben waren, wo meine Mutter nur einen Pfarrer als Bruder hatte. Und da hatte er so eine Andeutung gemacht, dass die Verwandtschaft manchmal größer sei, als man denke, und dass es da Gerüchte gebe, von denen ich vielleicht auch wüsste, über meinen Onkel, den Pfarrer, Regnapf sei ja ein seltener Name. Nein, nicht am Tisch, hatte er dann mit gesenkter Stimme gemurmelt, als ich Genaueres wissen wollte, vielleicht eher draußen auf der Terrasse, bei einer Zigarette.

Er hole immer seinen Wein beim Dr. Trutwin, altes Weingut, fing er an, der Name sage mir bestimmt etwas, erstklassige Adresse, ein Haus mit Niveau, das schon immer mehr auf Klasse als auf Masse gesetzt habe. Jedenfalls sei ihm da eine witzige und spritzige Sommelieuse aufgefallen, erzählte er und zögerte die Spannung hinaus, indem er fragte, was ich denn denke, ob man einen weiblichen Sommelier Sommelieuse nennen könne. Jedenfalls habe er diese Frau kennengelernt bei zweisprachigen Weinproben, wo sie, wie gesagt, auf eine witzige und spritzige Art die Franzosen durch verwirrende Blindproben an der Nase herumgeführt habe, ganz große Klasse sei das gewesen. Und entsprechend groß die Enttäuschung, als sie auf einmal nicht mehr da war, zumal er Kollegen zum Betriebsausflug extra zum Trutwin gelockt hatte. Und da hatte er nachgefragt und erfahren, dass sie krank war, und beim nächsten Mal, als er Wein holte, dass sie sogar sehr krank war, alkoholkrank genau genommen, und dass sie, auch wenn das kaum jemand glauben wolle, seit Jahren an Depressionen leide ... Nun ja, sie leide an derselben

Krankheit wie ihre Mutter, habe ihm der Kellermeister erzählt: In de Palz muss jo enner schun veel saufe, bis mer saacht, dass er trinkt, habe der gewitzelt, ab dann sei die Frau Trutwin dazugekommen und habe gesagt, dass es Unfug sei, das genetisch zu erklären. Ein Familiendrama sei das, und zwar eins der besonderen Art, ein gut katholisches nämlich: Die Mutter von der Christel war unehelich schwanger geworden, und dann hatte sie, Hals über Kopf, einen französischen Soldaten geheiratet, der damals noch in Landau stationiert war, einen dunkelhaarigen Mann mit krausen Haaren, die angeblich von einer algerischen Mutter stammten; und mit dem war sie nach Frankreich gezogen und hatte dort ein Kind bekommen, jene Christel nämlich. Dass die Erna, die Mutter von der Christel, im Pfarrhaus geputzt hatte, wusste jeder im Dorf, aber dass man vom Putzen schwanger werden konnte, das wussten nur die Erna und ihre Mutter, und die behielt es jahrelang für sich. Aber dass das Kind mit den blonden Haaren, das ein paar Jahre später mit der ihrem Halbfranzosen entlaufenen Erna und einem ziemlich dunkelhäutigen Brüderchen wieder im Dorf auftauchte, außer der Sprache wenig von dem halbalgerischen Vater hatte, das fiel allen auf. Dem Pfarrer konnte es nicht mehr auffallen, weil der längst eine neue Pfarrei in der Stadt hatte. Was die Erna, die Mutter der Christel, ihrer besten Freundin anvertraute, wurde unter dem Siegel der Vertraulichkeit nur den jeweils engsten Freundinnen weiter gegeben, deren Männer ebenfalls Verschwiegenheit gelobten. So kam es, dass das Grübchen am Kinn der Christel nie laut kommentiert wurde, aber niemand allzu überrascht war, als irgendwann der halbalgerische Ex-Mann der Christel im Dorf auftauchte, den Sohn mitnahm und das Gerücht zurückließ, dass die Erna ihm durchtriebenerweise ein Kind untergeschmuggelt habe, ein Fünfmonatskind, das bald nach der Hochzeit geboren wurde und, wie sie selber später zugab, einer sehr unheiligen Allianz entstammte ... So etwa hatte mir der Bekannte meines Schwagers die Geschichte erzählt, nicht ohne auf das Grübchen am Kinn hinzuweisen, das auch ich hatte und das im faltigen Gesicht meiner Mutter ebenfalls noch zu erkennen war. Du siehst ihr ähnlich, hatte er gesagt und hinzugefügt, dass ihm an dieser Frau von Anfang an etwas vertraut vorgekommen sei, auch wenn er nicht gewusst hatte, was das war. Du wirst mir nicht weismachen, dass ihr alle davon noch nie etwas gehört habt, sagte er, als wir nach der dritten Zigarette wieder hineingingen ins Wohnzimmer und ich von einer seltsamen Euphorie erfasst wurde. Ich war nicht mehr nüchtern, als wir zu Hause ankamen und ich meinem Mann erzählte, was ich erfahren und was ich vorhatte, am besten am nächsten Tag schon. Stell dir vor, ich steh dann vor jemand, der mir total ähnlich sieht, sagte ich zu hm.

Die größte Ähnlichkeit im Moment liegt vermutlich im unkontrollierten Weinkonsum, hatte er trocken kommentiert und war eingeschlafen. Am nächsten Morgen hatte ich das Telefonbuch auf dem Frühstückstisch liegen und war entschlossen anzurufen.

Für mich fällt das unter den Tatbestand der aktiven Sterbehilfe, war seine Antwort, als ich ihm sagte, was ich tun wollte, und dass ich mir überlegen sollte, eine fremde Person mit massiven psychischen Problemen auf eine alte Frau loszulassen.

Ich hatte es mir vorgestellt, und deshalb hatte ich den Zeitpunkt des ersten Zusammentreffens mit meiner Cousine zurückgestellt.

Jetzt ist der Kairos gekommen, habe ich nach der Beerdigung meiner Mutter, als ich im Pfarrbüro die Beerdigung bezahlte, zum Pfarrer gesagt, der meiner Mutter eine würdige und schöne Grabrede gehalten und dabei auch ihre schwesterliche Liebe und Hingabe für den verstorbenen Amtskollegen gepriesen hatte. Seltsamerweise wusste er sofort, worauf ich anspielte. Er zuckte mit den Achseln, als ich wissen wollte, ob die Sache mit den sogenannten Alimentenfonds stimmte, aus dem die katholische Kirche die Mütter des unerwünschten Priesternachwuchses finanzierte. Was ich zu tun müssen glaube, sei meine Sache, war seine Antwort – allerdings sollte ich überprüfen, ob das nicht möglicherweise erbrechtliche Konsequenzen haben könnte, und das Haus, das meine Mutter von ihrem Bruder geerbt hatte, na ja, genau betrachtet ...

Es ärgerte mich, dass er mich mit dem Erbschaftsargument in die Enge treiben wollte, und ein paar Tage nach der Beerdigung meiner Mutter fasste ich mir ein Herz und rief den Winzer an. Ich erzählte, ich sei früher ab und zu bei den Weinproben dieser Französin und deshalb lose mit ihr befreundet gewesen, könne sie aber leider telefonisch nicht erreichen, vielleicht sei ja die Nummer falsch. Ich hatte lange nachgedacht, bis ich mich zu dieser kleinen Notlüge entschlossen hatte. Es war der alte Dr. Trutwin, der mich mit seiner Frau verband, die mir in dieser Sache mehr sagen könne. Ja, die Christel, die sei seit längerer Zeit in der Psychiatrie, und deshalb sei sie auch nur da zu erreichen. Sie fahre wenigstens einmal pro Woche hin, es gebe aber leider wenig Neues, immer die gleichen alten Geschichten, Sie wissen ja, meinte sie, immer die Sachen aus der Kindheit, kein Vater, die Mutter, die immer unzugänglicher geworden sei, mehrere Beziehungen, die in die Brüche gegangen seien, keine Kinder, keine Verwandtschaft, nur ein paar lose Bekannte aus der ehemaligen Kundschaft, so wie Sie ... Ob sie da nochmal herauskomme, sei mehr als fraglich, und wenn, als Sozialfall, immerhin gebe es noch das Häuschen, in dem ihre eigene Mutter aber auch schon mehr gehaust als gewohnt habe ... Von wem sie denn grüßen dürfe, fragte sie, und ich nannte meinen Vornamen und fragte eilig nach der Telefonnummer. Sie gab mir die Durchwahl der Station.

Einmal rief ich dort an, aber die Schwester sagte, Frau Durant sei im Moment nicht in der Verfassung, Besuch zu empfangen. Ich versprach, ein paar Tage abzuwarten und mich zu melden.

Das war vor sieben Jahren, und die Christel war damals fünfzig, rechne ich anhand der Daten auf der Todesanzeige nach. Das Foto zeigt eine Frau, die vermutlich jünger war als fünfzig, lächelnd und mit einem Grübchen am Kinn und einem Weinglas in der Hand, mit dem sie zur Kamera prostet, vermutlich in der Weinprobierstube, mit einem Plakat im Hintergrund, auf dem nur »o veritas« zu entziffern ist. Ich lese, dass Dr. Theodor Trutwin sowie Sohn Markus samt Ehefrauen und der gesamten Belegschaft um ihre langjährige Mitarbeiterin trauern.

Die Beisetzung, heißt es, finde in aller Stille statt, am Freitag um 14 Uhr.

Im Kalender sehe ich, dass ich am Freitag zum Geburtstag eingeladen bin. Die Familie meines Mannes duldet kein Fernbleiben ohne Angabe von Gründen. Ich stelle mir vor, wer alles da sein wird. Und dass sie alle die gleiche Zeitung lesen. Und die Todesanzeigen, weil man Beerdigungen so wenig versäumen darf wie Geburtstage. Auf dem Land zählt die Verwandtschaft noch etwas, heißt es immer.

Petra Scheuermann

Vielleicht nicht weniger als mein Leben

»Was machst du hier in Ludwigshafen?«

»In Mannheim findet der Kardiologenkongress statt. Ich habe bei meinen Eltern übernachtet, sie wohnen noch immer hier.«

Mit den tabakgelben Fingern seiner skelettartigen rechten Hand dreht sich Joe eine Zigarette, nimmt einen kräftigen Zug, dann sagt er: »Weißt du, Cora, ich habe so verdammt viele Fehler gemacht in meinem Leben. Und diese vielen Sünden, dafür werde ich ewig in der Hölle schmoren.«

Eine dicke Wolke seines starken Tabaks umhüllt mich.

»Nein, sicher nicht, du wirst nicht in der Hölle schmoren, denn du hast auch viel Gutes getan.«

Joe schüttelt den Kopf, seine Lippen zusammengepresst, der Blick leer. Schleppend sagt er: »Über mich, über mich gibt es nichts Gutes zu berichten. Gar nichts.«

»Du weißt nicht, wie wichtig du damals für mich warst. Du hast mir so oft ins Gewissen geredet. Du hast immer und immer wieder zu mir gesagt: Cora, du bist noch so jung, du schaffst es, mit dem Alkohol und den Pillen aufzuhören. Du hast gesagt: Ich glaube an dich, ich glaube ganz fest an dich. Joe, du warst der einzige Mensch, der an mich geglaubt hat, nicht einmal ich selbst konnte mir vorstellen, jemals ohne Alkohol und Drogen zu leben. Du sagtest: Cora, du wirst jemanden lieben, eine Ausbildung machen und ein ganz normales Leben führen, in dem Alkohol und Drogen keine Rolle spielen werden. Aber du musst die Hände weg vom Heroin lassen. Immer wieder musste ich dir versprechen, dass ich niemals harte Drogen nehmen würde.«

Joe dreht sich konzentriert erneut eine Zigarette, hält sie zwischen Daumen und Zeigefinger, ohne sie anzuzünden. Sein Blick ist abwesend und finster, seine Gedanken scheinen tief in der Vergangenheit auf Grund gelaufen zu sein. Der warme Wind treibt aus Richtung Fußgängertunnel einen beißenden Uringestank in meine Nase.

»Ach Cora, du denkst, ich sei ein guter Mensch, aber ich bin ein Schwein. Glaubst du, ich habe niemanden angefixt? Einer Sechzehnjährigen habe ich den ersten Schuss gesetzt. Als sie an der Nadel hing, hab ich sie, na ja, ich hab sie auf den Strich geschickt. Du kannst dir nicht vorstellen, wie viel Scheiße ich gebaut habe in meinem Leben.«

»Ganz egal, was du in deinem Leben getan hast, für mich warst du immer wichtig. Du warst wie ein großer Bruder für mich, den ich jederzeit um Rat fragen konnte. Einmal, als alle Heroin schnieften, da gab Timo das Briefchen mit dem H an mich weiter. Du bist von deinem Platz auf der Bank aufgespritzt, hast es mir aus der Hand gerissen und mich angeschrien: Hab ich dir nicht schon tausend Mal gesagt, du sollst die Finger von diesem verdammten Zeug lassen? Dann hast du Timo angeherrscht: Ich denke, die Cora ist deine Freundin, wie kannst du ihr dann Heroin geben? Und danach hast du in ruhigem, aber sehr bedrohlichen Ton verkündet: Leute, ich habe euch etwas zu sagen. Die Cora steht unter meinem ganz persönlichen Schutz. Wenn ich jemals erfahre, dass einer von euch der Cora Heroin, Kokain oder ein anderes hartes Zeug gegeben hat, ich schwöre euch, derjenige wird seines Lebens nicht mehr froh. Mich hast du später zur Seite genommen und gesagt: Cora, es tut mir leid, dass ich dich so angefahren habe, aber ich habe einfach Angst um dich.«

Joes Augen kleben an meinen Lippen. Von seiner glimmenden Zigarette fällt die Asche ab; er hat vergessen, daran zu ziehen.

»Ich war beeindruckt von der Macht, die du über die Leute in unserer Clique hattest. Aber am meisten war ich beeindruckt von der Macht, die du über mich hattest, denn ich wollte jetzt keine harten Drogen mehr. Ich fühlte, dass ich dir wichtig war, und ich wollte dich nicht enttäuschen. Und später, als ich mit dem Alkohol und den Tabletten aufgehört habe, jedes Mal, wenn ich zu zweifeln begann, dann habe ich deine Stimme gehört, immer und immer wieder. Ich verdanke dir sehr viel, Joe, vielleicht nicht weniger als mein Leben.«

Diese undurchdringliche Hülle aus Schmerz und Trauer, die Joe wie viele Süchtige umgibt, scheint kurzzeitig von ihm abgefallen zu sein. In seinem zerfurchten Gesicht wuchert ein geheimnisvolles, fast stolzes Lächeln.

Joe streichelt mit den gelben Fingern seiner rechten Hand sanft meine Wangen. Wir umarmen uns.

»Ich würde gerne etwas für dich tun. Sag mir, was du brauchst, Jonathan.«

»Meinst du das ernst?« Ich nicke nur.

»Ein paar neue Schuhe, bequeme schwarze Lederschuhe, Größe 44. Sonst habe ich alles, was ich brauche.«

»Die Schuhe bekommst du morgen. Darf ich mir deine Wunde im Gesicht ansehen; die muss versorgt werden. Ich besorg dir eine Creme.«

»Geht in Ordnung, Frau Doktor.«

Erst als ich gehe, dringt der Geräuschpegel der nahen Schnellstraße wieder zu mir durch.

Am nächsten Tag kaufe ich in einem Schuhgeschäft ein paar handgenähte schwarze Lederschuhe. Dann mache ich mich auf zu unserer Bank. Joe ist nicht da, auch sein Schlafsack und all seine Habseligkeiten sind verschwunden. Obwohl es aussieht, als sei Joe weitergezogen, stelle ich die Schuhe auf seine Bank. Es fühlt sich an, als hätte ich unsere gestrige Begegnung lediglich geträumt.

Fünf Wochen später lege ich weiße Rosen auf Jonathans Grab.

Jobst Schöner

Das Leben ging weiter

Es war im Sommer 1951. Ich war einen Tag vor meiner Mutter, an einem Samstag, aus den Ferien zu Hause angekommen. Ich hatte den dringend erwarteten Brief vorgefunden, in dem mir eine Lehrstelle in Ludwigshafen zugesagt wurde.

Am Sonntagmorgen darauf war ich sofort voller Erwartung mit dem Fahrrad die circa 100 Kilometer in Richtung Ludwigshafen gefahren. Ich hatte gerade noch eine Mark in der Tasche. Die Übernachtung in einer Jugendherberge kostete damals gerade 30 Pfennige. Das konnte ich mir noch leisten. Als ich ein wenig ratlos in der Nähe der Autobahneinfahrt Mannheim stand, sah ich mit meinem Gepäck wohl wie ein junger Landstreicher aus.

Ich fragte einen Mann, der dort gerade mit seinem streikenden grünen Dreiradauto beschäftigt war, wie ich zur Jugendherberge fände. »Wenn es Ihnen nichts ausmacht, können Sie bei mir auf den Hobelspänen schlafen. Das kostet nichts«, antwortete dieser. Wir luden das Fahrrad zu dem Werkzeugkasten auf die Pritsche des Autos. Der Mann, in wenig sonntäglicher Kleidung, mit buschigen Augenbrauen in seinem grauen, eingefallenen Gesicht stellte sich vor: »Ich bin der Ägidius Lehmann. Ich habe eine kleine Schreinerei und eine kranke Frau, sehr krank,« und er wiederholte, »wenn es Ihnen nichts ausmacht, können Sie bei mir auf den Hobelspänen schlafen.«

Herr Lehmann war so um die 40, sah aber eher nach 60 aus. Ich stieg zu ihm ins Auto und wir fuhren über das damalige Kopfsteinpflaster rumpelnd in den Nordwesten Mannheims, dort wo es nicht nach Reichtum aussah. Unterwegs erzählte ich kurz, dass ich in Ludwigshafen eine Lehrstelle bekäme.

Das Dreiradauto hielt vor einem verwilderten Garten mit einem grün bemoosten, wackligen Jägerzaun und hohen, verbuschten Sträuchern, hinter denen sich links eine leicht verwahrloste Schreinerei und rechts ein in die Jahre gekommenes Einfamilienhaus verbarg.

»Sie können bei mir zur Nacht essen, wenn es Ihnen nichts ausmacht. Wissen Sie, meine Frau ist krank und verschüttet beim Essen immer etwas«, sagte er, während er die Haustür öffnete. Im Flur kam ihm wankend eine schlanke, große Frau mit ausgemergeltem Gesicht entgegen, das von gleichmäßig fallenden, grauen Haarsträhnen eingerahmt war und aus dem ein paar hellblaue Augen zu leuchten schienen, die ein wenig von ihrer vergangenen Schönheit ahnen ließen.

»Das ist der Jobst, der wird ein paar Tage bei uns bleiben und mir bei der Arbeit helfen«, sagte ihr Mann, ohne dass er mich vorher dazu gefragt hatte. Dann führte er seine schwankende und zitternde Frau im Arm behutsam in die Küche. Ich folgte ihnen. Auf dem Küchentisch stand eine Tasse in einer Pfütze aus Kaffee. »Meine Frau verschüttet öfters etwas, das hat mit ihrer Krankheit zu tun«, sagte er entschuldigend. »Ich hoffe, das stört Sie nicht.«

Die Frau war sehr abgemagert. Ihre Bewegungen waren zittrig, fahrig und ein wenig unkoordiniert. Beim Frühstück kippte die Frau die Zuckerdose um, verschüttete den Kaffee und das Brot fiel ihr wiederholt aus der

Hand. Die Zuckerdose war nur zu einem Viertel gefüllt, die Kaffeetasse zu einem Drittel. Herr Lehmann ließ seine Frau ruhig alle Arbeiten verrichten, die sie glaubte tun zu können, auch wenn vieles schief ging. – Sie lächelte stets.

Herr Lehmann erklärte mir, dass die Krankheit bei seiner Frau das Gehirn angegriffen habe. Sie sei jetzt wie ein kleines Kind. Die Medikamente kosteten sein letztes Geld, vielleicht auch bald sein Haus und die Werkstatt.

Sein Sohn, Bernhard, erschien etwas später, klein und stämmig, ungefähr im gleichen Alter wie ich mit meinen sechzehn. Er sagte zu mir: »Wir essen nur noch von Woolworth-Geschirr. Es geht zu viel kaputt.«

Seine Tochter Wanda, blond und vollbusig, war siebzehn und mit einem Amerikaner verlobt. Wie ich später erfuhr, versuchte sie so, dem häuslichen Elend zu entfliehen. Sie kam kurz vorbei und verschwand bald darauf wieder.

Am folgenden Montagmorgen fuhr ich als Erstes nach Ludwigshafen auf die Landwirtschaftskammer. Dort erfuhr ich, dass der wichtigste Herr erst in zwei Wochen aus den Ferien zurückkomme. In zwei Wochen sei er wieder da. So lange müsse ich noch warten.

Warten? Warten! Mindestens zwei Wochen!!!

Herr Lehmann hatte es geahnt, dass es mit meiner Lehrstelle nicht so schnell gehen würde, und schon Werkzeug für zwei Personen aufgeladen. Er hatte kurz vor zehn Uhr seine Frau gefüttert, gegen halb elf fuhren wir zur Arbeit. Er fahre jeden Tag zwischen neun und zehn nach Hause, um seine Frau zu füttern beziehungsweise beim Essen zu beaufsichtigen, denn es gehe nichts mehr ohne ihn.

In Mannheim, unweit dem nördlichem Ende der Jungbuschbrücke und der Kammerschleuse, in einer der allerletzten der vielen von der Mittelstraße abzweigenden Nebenstraßen in Hafennähe, hielten wir. Herr Lehmann hatte mehrere Lattenverschläge in den Kellern verschiedener Häuser auszuzimmern.

Zuerst erschien ein etwas gehbehinderter Hausmeister und begrüßte Herrn Lehmann und mich freudig per Handschlag. Dann tauchte eine vorzeitig gealterte Dame auf, der noch die Reste der Schminke vom Vorabend im Gesicht hingen. Sie begrüßte Herrn Lehmann mit einem kräftigen Kuss auf beide Backen, von denen sie die Spuren davon gleich wieder sorgfältig beseitigte. »Du passt mir auf, dass mit dem Jungen nichts passiert, der ist tabu«, sagte Herr Lehmann zu ihr. Dann stiegen wir in den muffigen Keller und gingen an die Arbeit.

Gegen zwei Uhr wurden wir von zwei weiteren Damen des Hauses zum Mittagessen eingeladen. Nudeln mit Speck und Ei gebraten. Das oder Ähnliches gab es die nächsten Tage des Öfteren. Eine der hinzugekommenen Damen mit einem enormen Dekolleté sah mich besonders freundlich an. Dafür wurde sie von der Älteren der Damen angefahren: »Du kannst deine Titten ruhig wegstecken. Mit dem ist nichts. Der hat keinen Spaß an der Freud.« Trotzdem unterhielten wir fünf und der Hausmeister uns zumeist sehr angeregt.

Herr Lehmann war mit seiner kranken Frau finanziell ziemlich weit am Ende. Der Hausmeister hatte auf einem Schiff einen Unfall gehabt und war gesundheitlich nicht so wohlauf, aber er hatte mit seiner Stelle als Hausmeister für einige Häuser Glück gehabt.

Die Damen, alle drei, hatten auch einige Schicksalsschläge abbekommen, beziehungsweise mit dem Schulabschluss hatte es nicht so geklappt. Die Ältere von ihnen, so um die 50, hatte noch eine Halbtagsbeschäftigung als Verkäuferin und Beraterin in einem Geschäft für luxuriöse Damenunterwäsche. Nachmittags, so ab ein Uhr bis acht Uhr abends, wenn Damen der besseren Gesellschaft sich Zeit für wichtige Einkäufe nahmen. Das war wegen der Rente für später einmal.

Dann war da noch ein Arbeitsloser namens Andreas. – Andreas, geschieden, da die Frau ein wenig zu durstig und streitsüchtig war. Sie hatten ein Kind. Er liebte Schwarzarbeit, da er davon etwas mehr für sich behalten konnte. Er half dem Hausmeister beim Tapezieren und ähnlichen Instandhaltungsarbeiten.

Und dann ich? – Ich war, zumindest vom Gesetz her gesehen, vorübergehend obdachlos. – Wir alle zusammen waren eine recht illustre Gesellschaft. Ich lernte im Laufe der Zeit weitere Damen dieser Straße kennen, zumal sie darauf erpicht waren, einen jungen Mann kennenzulernen, mit dem nichts laufen würde. Zumindest nicht als Freier.

Nach zwei Wochen bekam ich die mir zugesagte Lehrstelle in Mutterstadt und einen Schlafplatz in einem der Lehrlingswohnheime in Ludwigshafen zugewiesen.
    Ungefähr eine Woche später, am 1. August 1951, trat ich meine neue Lehrstelle an.

Es ist erstaunlich, was man in so kurzer Zeit alles erleben kann, während man auf etwas Wichtiges wie eine Lehrstelle warten muss.

Wenn ich Zeit dazu hatte, besuchte ich Lehmanns noch einige Male. Nach meiner Lehre fand ich sofort Beschäftigung. Im Winter 1954 gab es bis Ende März nirgends Arbeit, weil der strenge Frost und das Eis nicht weichen wollten. So arbeitete ich für drei Monate schwarz mit Herrn Lehmanns Sohn Bernhard bei den Amerikanern in Mannheim in einer Kaserne.

Bernhard hatte auf nicht legale Weise zwei riesige Kartons mit einigen hundert Windeln, die für das amerikanische Hospital in Heidelberg bestimmt waren, für seine Mutter abgezweigt. Zusammen mit einer gebrauchten amerikanischen Waschmaschine nebst einem Klotz von Trafo versperrten sie jetzt einen Teil des Flures des nun ziemlich verwahrlosten, schmuddeligen Hauses. Wenigstens der Tisch und die Küche waren sauber.

Auf dem Fensterbrett stand ein Karton mit 100 Klinikschachteln Beruhigungstabletten, die Bernhard besorgt hatte. Die Tochter hatte einen Amerikaner geheiratet. Sie konnte das Elend zu Hause nicht mehr ertragen, wie Bernhard mir sagte.

Frau Lehmann war auf unter vierzig Kilo abgemagert. Sie konnte sich aber noch zum Essen auf dem Stuhl halten. Sie fragte mit leiser, seidener Stimme: »Wer ist der Mann?« Herr Lehmann sagte: »Das ist der Jobst. Der hat schon mal hier gearbeitet. Weißt du noch?« Nach einiger Zeit lächelte Frau Lehmann. Sie schien sich zu erinnern.

Als ich ihr einmal ein Alpenveilchen mitbrachte, fegte sie es vor Freude in ihrer Aufregung mit einer unkontrollierten Handbewegung beinahe vom Tisch. Herr Lehmann fütterte seine Frau. Ein Teil lief ihr immer wieder aus dem Mund, weil sie Mühe beim Schlucken hatte. Nach dem Essen bat Herr Lehmann mich jedes Mal hinauszugehen, wenn er seine Frau ins Bett trug. Dort schlief sie, bis er sie zur nächsten Mahlzeit wieder weckte. Sie lächelte immer. Sie bekam alles mit, was um sie herum vorging, nur etwas langsamer.

Einmal bat er mich, nicht hinauszugehen. Ich sah, wie er seine Frau streichelte und küsste, bevor er sie ins Bett trug. Später sagte er zu mir: »Ich liebe meine Frau.«

Seine Frau ist an Unterernährung gestorben, weil sie keine Nahrung mehr aufnehmen konnte und auch der Magen nicht mehr arbeiten wollte.

Nach dem Tod seiner Frau ging Herr Lehmann morgens und abends auf den Friedhof beten.

»Weißt du, da hole ich jetzt meine ganze Kraft. Sie wartet immer auf mich. Ich weiß, du verstehst das.« So habe ich seine Worte von damals in Erinnerung. Er bedankte sich bei mir auch noch dafür, weil ich mich nie geniert habe, mit seiner Frau zusammen am Tisch zu sitzen, wo sie doch immer gesabbert und den ganzen Tisch verkleckert habe. Seine Tochter habe die Familie verlassen, weil sie diesen Anblick nicht mehr ertragen konnte.

Die Begegnung mit Herrn Lehmann und seiner Frau hat mich eine Bescheidenheit gelehrt, die ich nicht missen möchte.

Elisabeth Schuster

erwartung der geliebten

ihr wort
kehrt
tanzend
zu mir zurück
jedes
auf seine art
ein rhythmus
ein klang
mit bedeutung
gefüllt
bekannt
und doch
neu

ihr findet mich
endlich
zuhause

fleisch
von meinem geist
bleibt ihr mir
bis
der tod
uns scheidet

Elisabeth Schuster

raunacht tango

zwischen den schritten
dehnt sich
die gegenwart
eine ewigkeit lang

reines sein
in der umarmung
unsere schatten
verschmolzen
in eins

Sonja Viola Senghaus

Ich sehe dich!

zu Mathilde Vollmoellers
„Blick aus dem Turmzimmer"
und Matthias TC Debus' „Erinnern"

>Dort
>auf der Gartenbank
>hinter dem Haus
>erwartest du
>den späten Tag
>
>Ich sehe dich!
>
>Du sitzt im Schatten
>des Oleanderbuschs
>und bist selbst nur noch
>ein Schatten des
>verblühten Sommers

Sonja Viola Senghaus

Seit du weg bist

>Seit du weg bist
>gurren Tauben
>an meinem Fenster
>
>sprech ich mit Bäumen
>treiben Sturmwinde
>unser Laubgetuschel
>hin zu dir

SONJA VIOLA SENGHAUS

Während ich warte

Vor meinem Fenster
eine Taube
baut ihr Nest

die Taubensprache
versteh' ich nicht

aus blumiger Höhe
das Taubenei
es fällt

aber du bist wieder da

Sonja Viola Senghaus

Warten auf den Morgen

Möwengelächter
über den Dächern
der Stadt

Glockengeläut
vom Turm
des Clerigo

dein Atem
unter den Geräuschen
der Nacht

im Regengeprassel
die Stunden
und

die Melancholie
des Fado
in mir

Ungewissheit

Joachim Becker

Zwischen den Zügen

Halb sieben, morgens. Am Bahnhof traf ich auf zwei Polen. Sie hatten sich gestern auf den Weg gemacht, wohl um eine Party zu besuchen, waren dann aber ein-, zweimal in die falsche Richtung gefahren und schließlich in Landau gelandet. Sie nannten mir den Ort. Er lag geschätzte 150 Kilometer entfernt. Ihnen war es egal. Der Alkohol beherrschte ihre Welt.

»Meine Tante, ich liebe sie so sehr«, fing der eine an. »Ohne sie wär ich jetzt gar nicht auf der Welt.«

»Warum das denn?«, fragte ich halb aus Interesse.

Der andere lachte. »Typisch Tomek«, rief er. »Erzähl mal!«

»Nun ja«, begann Tomek. »Bei der Geburt meines älteren Bruders hatte meine Mutter große Schmerzen. Sie schwor sich: Ich kriege nie wieder Kinder. Na ja, und dann kam meine Tante. Ich schwör euch, sie schenkte meiner Mutter Kondome und neun Monate später kam ich zur Welt. Meine Mutter hatte wieder große Schmerzen, und was für welche; sie ist wohl sehr eng, wisst ihr.«

Er lachte. Sein Freund stimmte ein. Sollte ich mitlachen? – Aus Höflichkeit tat ich es.

»Nein, mal im Ernst, keiner wusste warum, aber ich war da. Und an meinem achtzehnten, als wir feierten, kam meine Tante zu mir. Wir alle waren ziemlich dicht, wisst ihr, und dann, wir saßen auf dem Sofa, fasste sie mir in den Schritt und begann, mich zu massieren. ‚Eigentlich bin ich ja deine Mutter‘, sagte sie lüstern. ‚Ohne mich gäbe es dich nämlich nicht.‘ Die Erregung lähmte meine Zunge. Ehrlich gesagt stand ich schon immer auf meine Tante. Sie ist eine polnische Schönheit. Nach knisternden Sekunden fügte sie hinzu: ‚Ich habe damals einfach eine Nadel genommen und das Latex ein wenig gelöchert.' Sie kicherte los. Es war dieses sexy Kichern. Kurz darauf griff ich ihr unter den Rock und die Dinge nahmen ihren Lauf. Neun Monate später kam mein Cousin zur Welt.«

Mit einem glänzenden Blick und einem alles sagenden Lächeln blickte er auf.

»Und was für ein süßer Polacke«, rief der andere.

»Ja, ich bin stolz auf ihn«, sagte Tomek und man sah es ihm an.

Begegnungen, morgens, halb sieben in Deutschland. Unterwegs passieren einem die schrägsten Geschichten.

»Hast du Feuer?«, wollten sie wissen.

»Leider nein«, entgegnete ich. »Aber wollt ihr Bier?«

Warum hatte ich überhaupt gefragt. Wir tranken.

Überhaupt musste mein Rucksack leichter werden. Ich hatte mal wieder viel zu viel gepackt und allein der Weg zum Bahnhof hatte mich schon ziemlich ins Schwitzen gebracht. Aber es lag ja eine längere Zugfahrt vor mir und eine Zugfahrt ohne Alkohol, was ist das schon?

Durch meine Jugend hindurch war er mir eigentlich stets mein treuster Freund gewesen. Er war für mich da, wenn ich seiner bedurfte, und hat mich nie im Stich gelassen. Kurzum, seine sorgenbrechende Wirkung war mir unersetzbar. Sie hob den Grauschleier, der selbst an sonnigen Tagen auf meinem Gemüt ruhte, und entführte mich, wenn auch für kurze Zeit, in eine unbeschwerte Welt, aus der ich immense Kraft schöpfte. Natürlich hat der Alkohol auch eine andere Seite, das will ich gar nicht verschweigen. Ich für meinen Teil weiß jedoch nur Gutes von ihm zu berichten – übertrieben habe ich es nie.

Während meine Eltern also noch tief und fest schlummerten, trank ich bereits 500 Meter weiter an der Haltestelle mein Morgenbier. In weiser Voraussicht hatte ich sie in Unkenntnis über meine Absicht gelassen, denn kurz vor dem Abitur das Weite zu suchen, welche Eltern hätten dieses Vorhaben schon wohlwollend begrüßt? In Gedanken mutmaßte ich also, wie lange es wohl dauerte, bis der Zorn meines Vaters verraucht sein würde.

Übrigens ließ der Zug ganz schön lange auf sich warten. Erst jetzt begann mich meine neu gemachte Bekanntschaft zu mustern. Der überdimensionale Rucksack musste ihnen ja selbst in ihrem Zustand aufgefallen sein.

»Was hasten vor?«, wollte der eine schließlich wissen.

»Ich gehe auf Reise«, antwortete ich knapp.

Er sagte nichts mehr; sein Freund nickte nur. Ich glaube, es lag etwas Ernstes in meiner Rede, das sie nicht weiter fragen ließ. Sie schienen zu verstehen, aber ich kann mir das alles auch nur eingebildet haben. In der Nachbarschaft bellte ein Hund, ein zweiter erwiderte seinen Ruf.

Eine Stille trat zwischen uns, die erst wieder unterbrochen wurde, als der eine, wohl einem Einfall folgend, die Bierflasche zwischen die Beine klemmte, das Handy aus der Tasche zückte und seinen Musikgeschmack zum Besten gab. Das weiße Licht des Smartphones ließ sein Gesicht erbleichen. Blecherner Techno erdröhnte. Wie elektrisiert stürzte der andere sein Bier hinab und schmiss das Leergut auf den gegenüber den Gleisen liegenden Grünstreifen. Er fing an, ungestüm loszutanzen. Dabei schien sein Körper wie eine Gliederpuppe, die, von elektrischen Zuckungen befallen, ihre Gelenke ganz unnatürlich von sich bog. Mich überkam eine Lustigkeit, sodass ich unwillkürlich in die Hände klatschen musste. Das schien den Tänzer noch mehr zu befeuern, denn er verdoppelte seine Anstrengungen umgehend. Schließlich begann er seine Darbietung noch gesanglich zu untermalen.

»Es ist gut, Jacek!«, sagte sein Freund nach einer Weile. »Der Zug, er kommt.«

Tatsächlich strahlten in der Ferne die Augen des nahenden Zuges auf. Die Musik erlosch. Ich trank aus, straffte meinen Rucksack, indem ich am Riemen zog, und warf die Flasche in den Müll.

Wir stiegen in ein grell durchflutetes, menschenleeres Abteil und machten es uns auf einer Vierergruppe bequem. Ich, mein Rucksack und die Polen.

Manfred Dechert

Buchmesse

lass Dich treiben durch
die Hallen durch die Verlage
lass Dich gehen durch die
Ware Buch Verkaufsobjekt Roman
Bestseller-Fantasy-Aktien fallen im Moment
Sachbücher setzt auf Sachbücher oder
noch besser – die Zukunftscrime-AG

neben Dir läuft der Messner vorbei
ersteigt den nächsten großen Bücherberg
eine Halle weiter eine Talkshow
die Zukunft der virtuellen Medien eine Roboterschau
draußen ein leibhaftiger Dichter mit Schreibmaschi-
nenschrift
lass Dich treiben hier spricht das Wort
hast Du gehört, Bob Dylan soll kommen

was sagst Du – aaahhh ... wo denn?
ja, der muss hier sein, deswegen geht er nicht
ans Telefon, wenn das Nobel-Komitee anruft
im Mannheimer Morgen steht, eine inhaftierte Autorin
fleht, sie nicht zu vergessen, und ich spüre
spüre Schritte langsamer spüre Schläge
halten an ein Wort klammern an ein Wort

hoffen, dass ein Wärter Dir heimlich ein Buch gibt
Deine Augen nicht im Halbdunkel versagen
Deine Erinnerung nicht die Verse vergisst
Deine Freunde mehr als Deine Feinde
an Dich denken auch in Frankfurt
gehe ich die Hallen entlang und fahre weiter

ich habe Dich nicht gesehen, inhaftierte Autorin
oder vergessener, verstummter, nie gehörter Autor

doch ich suche weiter
in Frankfurt traf ich Dich nie

Jessica Engel

Heimat

Ferne Heimat.
Nahe Fremde.
Ich spüre ihre scharfen, unruhigen Augen in meinem Rücken,
Und ganz sacht streicheln die Flügel der Sehnsucht meine Wange.
Noch einmal flieht mein Herz
zurück an den Ort, der ihm den Rhythmus gab.

Dumpfes Warten.

Zeit, in der mich ihre Flügel sanft,
doch immer dringlicher umschlingen.
Und plötzlich kündigt der schrille Ruf,
der laut in meinem Herzen widerhallt,
den Abflug an, die endgültige Trennung.

Schwingen, die mich eben noch umfingen,
spür ich schlagen nun und aufwärts streben.
Klauen, die mich halten wollten auf dem Flug, versagen.
Ich bleib zurück.
Weil ich schwerer bin als meine Träume.

Tiefe, aber bittersüße Schwere,
wandelt sich in dumpfe, schwarze Leere,
die sich pelzig auf jegliche Gedanken legt.

Allein in der Fremde.
Selbst von der Sehnsucht jetzt verlassen,
warte ich auf eine neue Heimat.
Weil es die alte nicht mehr gibt.

Karin Firlus

Während ich warte ...

Schleichen Sekunden im Minutentakt
Die Zeit ist zu meinem Feind mutiert
Starre das Telefon beschwörend an
Es muss, MUSS doch klingeln – jetzt, sofort

Kreisen meine Gedanken nur noch um
Den erhofften Anruf – Erlösung
In meinem Zimmer brüllende Stille
In mir drinnen schweigender Aufruhr

Mein Puls hämmert schmerzhaft in der Kehle
Drängt bang der Gewissheit entgegen
Mein Verstand ist gefangen, starr und stumm
Will nicht mehr denken, bangen, hoffen

Ich warte und warte und warte –
Und das Leben prallt spurlos an mir ab

Karin Firlus

»Zwischen den Schweinehälften hing er, mit dem Kopf nach unten.«

Nur dieser eine Satz steht dort.

Da hängt er schon seit gestern Abend, denkt Birgit verärgert. Und weshalb? Weil SIE stört, weil SIE sie wahnsinnig macht! Und dieser blöde Cursor mit seinem ständigen Blinken bringt sie auch auf die Palme. Ganz nervös wird man, wenn man ihn anschaut. Irgendeine Idee muss jetzt kommen. Ich kann ihn doch nicht ewig so hängen lassen.

Sie steht auf, geht zum Fenster und öffnet es. Tief einatmend beugt sie sich hinaus. Der aufkommende Wind sprüht ihr feinen Nieselregen ins Gesicht. Sie weicht zurück. Ich müsste eigentlich dringend die Wollwäsche aufstellen, denkt sie.

»Tsss.« Sie sieht sich im Zimmer um. NEIN! Jetzt entweiht SIE auch noch ihren Buddha. Und er lächelt nur, wie immer. Ist IHR denn nichts heilig?

Sie setzt sich wieder vor ihren Laptop. Ob ich zuerst einkaufen gehen soll, anstatt mich um den Text zu kümmern? Der Cursor blinkt immer noch auffordernd. Also:

»Zwischen den Schweinehälften hing er, mit dem Kopf nach unten. Carla näherte sich ihm vorsichtig. Sie konnte sein Gesicht nicht sehen, da er mit dem Rücken zu ihr an dem Haken hing. Aber er war bestimmt tot, so kalt, wie es hier drinnen war. Sie zog einen Gummihandschuh über und ...«

Jetzt reicht's! Sitzt SIE doch tatsächlich auf meinem Bildschirm. Auf »tot«! Na warte ...

Ha, die neue Fliegenklatsche ist super! Und ich weiß jetzt, wie es weitergeht:

»… und bevor sie ihn umdrehen konnte, fiel die Tür mit einem Knall ins Schloss. Carla fuhr herum – sie saß im Kühlhaus fest!«

Karin Firlus

Der Acht-Uhr-Termin

»Nach rechts ... nach oben rechts ... nach unten rechts ... nochmal nach oben rechts ...!« Der Augenarzt rollt mit seinem Stuhl ein Stück weg; Schweißperlen stehen auf seiner Stirn.

»Ist etwas nicht in Ordnung?«, frage ich verunsichert.

Er seufzt. »Nun, ich bin mir noch nicht sicher, aber es sieht so aus, als hätten Sie Löcher in Ihrer Netzhaut.«

Ab diesem Zeitpunkt läuft mein Tag definitiv nicht mehr wie von mir geplant, denn mein vierteljährlicher Routinetermin verwandelt sich in eine düstere Vorahnung drohender Unannehmlichkeiten. Mein rechtes Auge wird »weiter getropft«, und nun erkennt der Arzt zweifelsfrei vier Löcher, die drohen, die Netzhaut meines seit Langem kurzsichtigen Auges eventuell abzulösen.

»Das muss gelasert werden, und zwar noch heute, spätestens morgen!«

Eine Stunde später sitze ich in der Notfallambulanz der Augenklinik. Nach halbstündiger Wartezeit untersucht eine müde Ärztin gewissenhaft mein betroffenes Auge. »Es ist nicht so akut, als dass es heute Abend noch gelasert werden müsste. Morgen früh reicht. Seien Sie um acht hier, dann kommen Sie gleich dran!«

*

Da niemand mich fahren kann und mein Sehvermögen nach dem Eingriff eingeschränkt sein wird, nehme ich morgens ein Taxi. Dreißig Minuten Fahrt und ich stehe auf dem nebelverhangenen Vorplatz des Haupteingangs – es ist zehn nach sieben. Panik steigt in mir hoch. Jetzt ist es bald so weit! Es handelt sich um einen absoluten Routineeingriff, der täglich tausende Male weltweit durchgeführt wird. Aber für mich ist es das verdammte erste Mal und ich habe keine Ahnung, was auf mich zukommt. Um mich zu beruhigen, schlendere ich in den angrenzenden kleinen Park.

Auf einer Bank neben einem Aschenbecher sitzt eine Frau, die ihre Zigarette fast frisst. Weiter vorne hoppelt ein Kaninchen über den Kiesweg und flitzt dann Haken schlagend im Zickzackkurs ins rettende Gebüsch. Klinikangestellte gehen beflissen ihrem Arbeitstag entgegen, den Kopf gesenkt, in Gedanken woanders. Zwei Männer im orangefarbenen Kittel der städtischen Müllabfuhr gehen gemächlichen Schrittes vorbei. Der ältere hält einen Plastikbecher in der linken Hand, aus dem er trinkt. »Rauchst du?«

Der jüngere: »Nö.«

»Hast du mal ne Zigarette?«

»Nö.«

»Scheiße!«

Inzwischen ist es 7:35 Uhr – Zeit, das Unabwendbare anzugehen. Ich atme tief durch und betrete die Klinik. Als ich vor der Notfallambulanz ankomme, stockt mein forscher Schritt. Die etwa zwanzig Sitzplätze sind fast alle belegt und vor der noch geschlossenen Tür stehen neun Leute dicht hintereinander. Wollen die alle dort rein und haben um acht einen Termin?, schießt es mir durch den Kopf.

»Sie müssen eine Nummer ziehen! Da vorne aus dem Kasten.« Der Mann, der vorn in der Reihe steht, führt mich ungefragt in die Patienten-Verhaltensregeln vor Ort ein. »Sie brauchen eine Nummer, sonst kommen Sie gar nicht dran!«

»Und dann können Sie sich dort hinten hinsetzen!«, fügt seine Begleiterin an.

»Und warten«, sagt eine ältere Frau grinsend; »wahrscheinlich bis heute Nachmittag, das ist mir schon öfter passiert!« Zustimmendes Gemurmel der Umstehenden.

Offensichtlich ist mir der Schrecken, der mich durchfährt, deutlich vom Gesicht abzulesen, denn der Mann fragt mich: »Oder werden Sie gespritzt? Wir hier werden nämlich alle gespritzt!«

Verneinend schüttele ich den Kopf.

»Na also!«, sagt seine Begleiterin. »Dann ziehen Sie eine Nummer und setzen sich da hinten hin!« Der Mann sagt weise: »Schließlich sind wir alle Patienten!« Allgemein zustimmendes Kopfnicken.

Verunsichert schaue ich auf den Zettel, den die Oberärztin mir am Abend zuvor in die Hand gedrückt hat. Außer meinem Namen und für mich unverständlichen Abkürzungen und Bezeichnungen steht dort: Laser acht Uhr – sofort! Na bitte, ich habe meinen Termin doch schwarz auf weiß! Also ziehe ich zwar vorsichtshalber eine Nummer, die A52, aber ich verteidige dennoch meinen Stehplatz.

Ein Unterfangen, das deutlich schwerer wird, da sich während der letzten Minuten immer mehr Menschen hinter mir aufgebaut haben, die ungeduldig nach vorne drängen. Ich bin eingepfercht zwischen ihnen; die Frau vor mir muss eine Vorliebe für ungewaschene Kleider und süßes Parfüm haben.

Während ich möglichst flach atme, quält mein reger Kopf mich mit Bildern, in denen ich Stunde um Stunde mit ausgedörrtem Mund und knurrendem Magen in sterbenslangweiligem Frust auf einem der harten, unbequemen Stühle ausharre und alle fünf Minuten die Zeiger der Uhr um eine Stunde vordrehen möchte.

Nach gut zwanzig Minuten und einer gefühlten Stunde öffnet um Punkt acht Uhr eine Schwester mit alarmiertem Blick auf die Menschenmasse vor ihr die Tür und schafft es gerade noch, zur Seite zu treten, bevor die genervten Patienten vor mir sie überrennen. Ich komme auch unbehelligt ins Sanktum der Augenklinik und wende mich nach rechts in die Ambulanz, wo zwei weitere Schwestern mit fassungslosen Blicken verfolgen, wie die Mitpatienten hinter mir einen Gang entlangrennen. Es sind diejenigen, »die gespritzt werden«. Ich kann nur vermuten, dass sie heute nicht zum ersten Mal hier sind, denn sie scheinen ihr Ziel genau zu kennen.

Ich weise meinen Zettel vor und werde umgehend gebeten, nebenan Platz zu nehmen. Bereits fünf Minuten später kommt dienstbeflissen eine Schwester auf mich zu, die den Auftrag hat, mein rechtes Auge »weit zu tropfen«.

In diesem Moment kommt eine aufgeregte Kollegin auf sie zu geeilt. »Kannst du dir das vorstellen? Eben hat doch da draußen ein Mann einer Frau praktisch einen Kinnhaken verpasst! Die haben sich in die Wolle gekriegt, wer von ihnen zuerst hier war!«

Ich bin ja von Natur aus ein friedliebender Mensch, aber die Atmosphäre draußen war vorhin so aufgeheizt, dass ich wahrscheinlich zum Werwolf mutiert wäre, wenn jemand ernsthaft versucht hätte, mir meinen zehnten Platz in der Warteschlange streitig zu machen. Während meine Pupille sich von mir unbemerkt langsam weitet, wird mir bewusst, dass diese Situation auch einen positiven Aspekt hat.

Ich habe meine Angst vor dem Lasern völlig vergessen!

Gerd Forster

Wartezimmer

Dass einem Warten so schwer fällt, auch wenn man viel Zeit hat, dachte Rieger, und ich habe doch entgegen der üblichen Äußerung von Altersgenossen viel Zeit, seit ich im Ruhestand bin. Hier liegt es aber daran, dass alle warten und sich gegenseitig im Blick haben. Da entsteht Konkurrenz. Er registrierte die unterschiedlichen Mienen der Patienten, wenn sie das Wartezimmer betraten und wenn sie später aus dem Sprechzimmer zurückkehrten. Der Gruß der Ankommenden war oft knapp, trocken aus verkniffenen Gesichtern, die neben der Ungewissheit über den momentanen gesundheitlichen Zustand den Ärger über die vielen bereits Dasitzenden verrieten. Kehrten sie zurück, um ihre Garderobe zu holen, verabschiedeten sie sich meist aufgeräumt freundlich, erlöst, selten wirkte jemand deprimiert.

Obgleich Rieger noch nicht allzu oft in Wartezimmern gesessen hatte – zwei-, dreimal bei diesem Internisten, etwa ebenso oft bei einem Urologen, einmal in einer chirurgischen Praxis, häufiger freilich bei seinem Zahnarzt –, hatte er die Erfahrung gemacht, dass es gar nicht so einfach war, sich die Zeit zu vertreiben, bis man über Lautsprecher aufgerufen wurde. Dazu überall das gleiche Angebot: Illustrierte und gesundheitliche Ratgeber, zum Beispiel über die Notwendigkeit ausreichender Bewegung in frischer Luft, was sich in dieser Situation ziemlich grotesk ausnahm, und über gesunde Ernährung. Lieber betrachtete er auf Hochglanzfotos attraktive junge Frauen; sie standen für Vitalität, Unbekümmertheit, Lebensfreude, und von dem, was ihm davon geblieben war, wollte er nun nichts aufgeben müssen.

Zwischen dem Blättern äugte er immer wieder mal kurz nach den anderen Wartenden, vorwiegend nach den Männern. Schien einer älter als er, dachte er, na ja, der ist jetzt halt so weit, das ist der Lauf der Welt. Schien einer jünger, irritierte ihn die Überlegung, was der sich wohl bei seinem Anblick denken mochte. Auch konnte er, wenn sie auf die Uhr schauten, an ihren Gesichtern erkennen, wie weit der Zeitpunkt des vereinbarten Termins bereits überschritten war. Das war meist der Fall, auch bei ihm.

Ihm fiel jetzt die Begebenheit in einer chirurgischen Praxis ein, wo er sich eine Warze hatte herausschneiden lassen wollen. Das Wartezimmer war überfüllt, und es schien einfach nicht weiterzugehen. Da kam auf einmal der Chef, ein Wiener, in seinem weißen, blutverkleckerten Kittel herein, setzte sich mitten unter die genervten Patienten, zündete sich eine Zigarette an und meinte stöhnend: »Furchbar vie los heut, da brauch i unbedingt amal e Bause. Nachher geht's umso gschwinder weiter, dös versprech ich Ihna.«

Rieger entdeckte ein Geo-Heft und vertiefte sich in einen längeren Text über die Weltraumforschung. Die Ausführungen über die unvorstellbaren Entfernungen zu anderen Sternen und zu anderen Galaxien und verglichen damit die Bedeutungslosigkeit des winzigen Raumschiffs Erde faszinierten ihn. Am Ende nahm er die klappernden Sandalen der Sprechstundenhilfen und die Aufrufe von Namen nicht mehr wahr.

Als er später das Heft wieder auf den Tisch legte, saß er zu seiner Verwunderung ganz allein, und draußen im Flur war es ruhig geworden. Dafür drangen jetzt die Geräusche von der Straße plastischer an sein Ohr, die Motorengeräusche der Autos, Kinderstimmen, aus der Ferne das Signal eines Notarztwagens. Er musste sich damit abfinden, an diesem Tag der letzte Patient zu sein, obwohl er nicht als Letzter gekommen war. Dafür konnte der Arzt sich reichlich Zeit für ihn nehmen. Die Uhr zeigte halb sieben.

Er stand auf und ging zum Empfangstresen. Niemand mehr da. Na ja, dachte er, da ich der Letzte bin, gibt's für die Damen nichts mehr zu tun. Alle Türen standen offen bis auf die des Sprechzimmers. Wahrscheinlich saß sein Arzt dahinter und erwartete ihn. Er klopfte, zuerst etwas zaghaft, lauschte. Keine Antwort. Er klopfte heftiger, doch drinnen regte sich nichts. Die Tür schließlich vorsichtig öffnend blickte er auf einen glänzenden, aufgeräumten Schreibtisch und auf einen leeren Sessel dahinter. Und jetzt war ihm klar, man hatte ihn vergessen. Angemeldet hatte ich mich doch, überlegte er, oder bin ich gedankenlos, wie mir das in letzter Zeit immer häufiger passiert, schnurstracks ins Wartezimmer marschiert? Jedenfalls waren alle weg, und er stand allein in den Praxisräumen. Und sofort, wie meist in misslichen Situationen, beschäftigte ihn neben dem Frust die Vorstellung, wie seine Frau und seine Freunde reagieren würden, wenn er ihnen von seinem Desaster berichtete, natürlich dann vermutlich schon mit selbstironischer Distanz. Er ging langsam ins Wartezimmer zurück, nahm seinen zum Erbarmen einsam dahängenden Mantel vom Haken und bewegte sich Richtung Ausgang. Dass die Tür abgeschlossen war, hätte er sich eigentlich denken können.

Was jetzt? Klopfen? Rufen? Doch das würde im Haus wohl niemand wahrnehmen, denn auf den anderen Etagen befanden sich ebenfalls Arztpraxen, die ebenfalls schon Feierabend hatten. Vielleicht würde ihn eine Putzfrau hören. Aber wieso erschien hier keine? Er hämmerte gegen die Tür, rief Hallo. Keine Reaktion.

Und nun? Telefonieren, fiel ihm als rettende Idee ein, überall standen Apparate herum. Nur wen anrufen?

Seine Frau war in Kur. Sonst hatte er keine Nummer im Kopf und ein Telefonbuch konnte er nirgends finden. Die Polizei? Bei diesem Gedanken jedoch sah er bereits die blamable Zeitungsüberschrift vor sich: Rentner in einer Arztpraxis nach Feierabend eingeschlossen. Ratlos ging er ins Wartezimmer zurück, hängte seinen Mantel wieder auf und setzte sich auf seinen noch warmen Stuhl. Bange vor der Nacht war ihm nicht, ohnehin schlief er lediglich ein paar Stunden, wegen dieses Problems war er gekommen in der Hoffnung, der Arzt werde ihm helfen können. Dabei hatte er sich schon auf das Abendessen gefreut in seinem bevorzugten Restaurant. Leberknödel, hatte er sich vorgestellt, oder noch besser Schweinshaxe, denn nach Arztbesuchen schmeckte etwas Deftiges immer besonders gut. Betrüblich war die Tatsache, dass er die Illustrierten schon alle durch hatte. Vielleicht aber konnte er sich noch einige Stunden mit dem Lösen von Kreuzworträtseln beschäftigen. Am Tresen holte er sich einen Kuli, setzte sich wieder ins Wartezimmer unter eine Wandlampe. Walflosse mit fünf Buchstaben? Darüber nachsinnend sah er solch ein riesiges Säugetier in rhythmischen Schwüngen gelassen durch das Meer ziehen und zu seiner Verwunderung wurde er auf einmal, weit vor seiner üblichen Zeit, von einer schweren Müdigkeit befallen, so, musste er denken, als wäre ihm ohne Beratung allein durch den Blick auf den Schreibtisch des Arztes wirksam geholfen worden. Auf einigen zusammengeschobenen Stühlen würde er dennoch ziemlich hart liegen. Daher inspizierte er noch einmal die gesamte Praxis, indem er überall kurz Licht machte, und hatte jetzt das Gefühl uneingeschränkter Souveränität. Er war alleiniger Herr sämtlicher Räume. Die schwarze, lederne Liege im Ultraschallraum, das hatte er bei früheren Besuchen schon feststellen können, war außerordentlich bequem, sogar einen frischen Überzug der Kopfstütze gab es. Da er keine Decke zur Verfügung hatte, holte er seinen Mantel aus der Garderobe, daraufhin zog er seine Schuhe aus und legte sich zur Ruhe. Nach ein paar Stunden Schlaf, dachte er, melde ich mich mit der Öffnung als Erster an. Im allgemeinen Trubel fällt es bestimmt nicht auf, dass ich die Nacht über hier war.

Rieger träumte, und in dem Traum trat die hübscheste der Sprechstundenhilfen durch die Tür und sagte: »Aber Sie haben ja noch alles an! Sie sollten sich doch bis auf die Hose frei machen!«

Mit einem Ruck fuhr er hoch, ertastete die Lederliege, sah das Ultraschallgerät. In der Tür standen die drei Arzthelferinnen und starrten ihn fassungslos an. »Was tun Sie denn hier?«, brachte schließlich eine von ihnen heraus.

»Warten«, sagte er etwas unsicher lächelnd.

»Dazu ist das Wartezimmer da! Hier haben Sie nichts zu suchen! Aber wie sind Sie denn hereingekommen?«

»Hereingekommen? Ganz normal wie alle andern gestern Nachmittag«, sagte er, streifte seinen Mantel ab und bückte sich nach seinen Schuhen. »Nur herausgekommen bin ich nicht mehr.«

Marius Hornisch

Ungewissheit

Die kalte Luft schloss mich ein, während sich die Türen der Straßenbahn öffneten und mich der Winter mit seinen eisigen Klauen begrüßte. Ich lief über den Römerkreis und mein Blick wanderte zur Anzeigetafel, die in Leuchtkristallen eine zu erwartende Ankunft von vier Minuten voraussagte. Ich reihte mich zwischen den anderen namenlosen, vermummten Menschen ein und wurde ein Teil von ihnen. Normalerweise überbrückte ich die Zeit mit dem Lesen der aktuellen Nachrichten, aber heute war es so kalt, dass ich das meinem smarten Gerät nicht antun wollte.

Während die Kälte langsam meine Glieder hochkroch, meine Ohren schmerzten und die Nase lief, drehte ich schwerfällig meinen Kopf, um die aktuelle Ankunftszeit abzulesen. Obwohl es mir wie eine gefühlte Ewigkeit vorkam, hatte sie sich nur um eine Minute reduziert. Das war doch wohl ein schlechter Witz. Aus der Ferne nahm ich schrille Sirenen wahr. Die Abgase der Autos zogen in einem weißen Dunst in den Nachmittagshimmel, als sie von den blauen Lichtern getränkt und reflektiert wurden. Die Fahrzeuge drängten sich an den Fahrbahnrand, während erst die Feuerwehr und anschließend die Polizei vorbeifuhren.

Wahrscheinlich nur ein Fehlalarm, dachte ich und kuschelte mich tiefer in den warmen Schal, den ich mir bis zur Nase hochgezogen hatte. Anschließend warf ich mir die Kapuze über.

Das monotone und vertraute Rauschen des Berufsverkehrs füllte meine Gehörgänge aus, während ich immer noch auf meine Anschlussbahn wartete. Kurze Zeit später drang erneut der tosende Lärm der Sirenen an meine Ohren, als mehrere Krankenwagen, weitere Feuerwehrautos und ein Mannschaftswagen der Polizei meinen Standort passierten.

Das war ungewöhnlich. Mit mir hoben sich die Köpfe namenloser Gesichter und blickten der Kolonne aus blauen Lichtern hinterher, bis sie hinter der nächsten Straßenkreuzung verschwanden und vom Lärm des Verkehrs verschluckt wurden.

Da hätte ich auch zur nächsten Haltestelle laufen können, dachte ich mir. Ich trat von einem Fuß auf den anderen, weil meine Fußspitzen gegen die Entscheidung für gefütterte Schuhe protestierten. Die ersten Menschen, gehetzt vom Stress des Lebens, wanderten wieder ab, andere notorische Ich-verpasse-immer-gerade-die-Bahn-Leute gesellten sich hinzu. Langsam waren wir so viele, dass wir gut eine halbe Bahn füllen konnten. Die nachfolgenden Beförderungsmittel hatten auf der Anzeigetafel die sehnlichst erwartete Bahn bereits eingeholt und stritten sich um den obersten Platz. Auch an der Haltestelle gegenüber kamen keine Straßenbahnen mehr an. Ungewöhnlich viele Menschen pilgerten über den Gehweg Richtung Altstadt. Ich hörte zufällig das Gespräch von zwei alten Frauen mit. Na gut, zufällig war es nicht. Eher war mir so langweilig, dass ich jeder Ablenkung gerne nachgab. Die spielenden Kinder im Schaufenster hatten mein Interesse in Rekordgeschwindigkeit verloren. Die alte Frau erzählte, dass es einen schweren Unfall gegeben habe und es noch lange dauern werde. Mehr bekam ich nicht mit, denn ein lautes Rumsen ließ uns alle zusammenzucken und in der Ferne stieg schwarzer Rauch auf. Kurze Zeit später raste eine weitere Krankenwagenkolonne auf den Schienen zwischen uns vorbei, bevor der kalte Windzug der Wagen mich frösteln ließ.

Auf der Anzeigetafel erschien ein Laufband: »Achtung, es kommt auf den Linien 23 und 24 zu Verspätungen und Ausfällen.«

Na toll, so schnell kam ich wohl nicht mehr nach Hause. Aber ich könnte mit dem Bus fahren. Der Schnellbus vom Hauptbahnhof fuhr zwar erst in knapp einer Stunde, aber die Linie 29 beim Bismarckplatz schien mir eine interessante Alternative. Von der Haltestelle Rohrbach Süd, die der Bus anfuhr, waren es nur knapp 20 Minuten bis zu mir nach Hause. Ich schaute noch ein letztes Mal auf die Anzeigetafel und erkannte aus dem Augenwinkel, wie der Wirt aus dem gegenüberliegenden Imbiss den wartenden Menschen warme Getränke gegen Bares anbot. Zumindest einer würde sich heute freuen.

Ich verließ mit einer ganzen Traube von Menschen die Haltestelle. Es dauerte nur wenige Minuten, bis die Bahn Richtung Bismarckplatz ankam. Dort gab es das gleiche Bild. Nur dass hier noch mehr Menschen warteten. Zu meinem Entsetzen fuhren wegen einer Straßensperrung keine Busse mehr Richtung Rohrbach Süd. Ich beschloss, mich in den Eingang eines der Kaufhäuser zu stellen, mich aufzuwärmen und einen neuen Plan zu schmieden, wie ich nach Hause kommen könnte, als ich eine Eilnachricht auf meinem Smartphone bekam. Gebannt las ich, dass es in Heidelberg auf Höhe der Haltestelle Weststadt/Südstadt zu einem schweren Unfall gekommen war. Die Lage sei unüberschaubar und den Anwohnern werde geraten, in ihren Häusern zu bleiben. Ein mulmiges Gefühl breitete sich in mir aus, als mir klar wurde, wie schwer der Unfall sein musste, wenn dieser bereits eine solche mediale Aufmerksamkeit genoss. Ich sah den gleichen fassungslosen und schockierten Gesichtsausdruck von den Menschen um mich. Ich trat aus dem Laden in die eisige Winterluft und schaute in Richtung des Unfalles. Dunkle Rauchschwaden schraubten sich in den Himmel und verdunkelten die Sonne. Ich bildete mir ein, beißenden Geschmack auf der Zunge zu spüren, aber ich konnte mich auch irren. Ich sah aus der Ferne, wie das Personal der Rhein-Neckar-Verkehrsbetriebe die Menschen aufforderten zu gehen. Polizeiautos stellten sich quer über die Straße und leiteten den Verkehr um. Ein Kloß setzte sich in meinem Hals fest und mir wurde mulmig.

Was hatte das alles zu bedeuten?

Zur Sicherheit ging ich wieder in das anscheinend sichere Kaufhaus zurück, als eine Durchsage durch die internen Lautsprecher kam. Es war ein Mitschnitt der Radiomeldung. Die Moderatorin berichtete, dass es infolge eines schweren Unfalls mit Toten und Verletzten in Heidelberg zu einer Explosion gekommen sei und die Menschen dazu aufgefordert würden, ihre Häuser nicht zu verlassen, bis sie in Sicherheit gebracht würden. Eine Notfallnummer für Fragen werde eingerichtet. Die Bürger von Heidelberg und Umgebung würden zur Ruhe angehalten.

Das war doch alles nur ein schlechter Scherz, dachte ich mir, als das Sicherheitspersonal des Kaufhauses die Menschen aufforderte, von den Türen zurückzutreten. Anschließend fing einer an, diese zu verriegeln. Eine junge Frau schlug panisch gegen die Glastüren und wimmerte. Den Sicherheitsbeamten interessierte das reichlich wenig. Er drehte den Schlüssel ein weiteres Mal um, wodurch alle Zargen einrasteten.

Das war falsch. Ich nahm meinen ganzen Mut zusammen und rief zum Angestellten: »Hey, sehen Sie nicht, dass diese Frau hier rein will?«

Der Mann ignorierte mich, steckte den Schlüssel wieder ein und drehte sich gerade um, als ein Herr mit blonden lockigen Haaren rief: »Haben Sie nicht gehört? Jetzt lassen Sie verdammt noch mal die Frau herein.«

Weitere Kunden stellten sich demonstrativ dem Sicherheitsbeamten in den Weg und hinderten ihn daran zu gehen.

»Auf Ihre Verantwortung«, murmelte er in seinen Schnauzer und schloss auf.

Panisch rannte die Frau in den Laden und stemmte keuchend die Hände auf die Knie.

Hastig schloss der Mann die Tür wieder zu.

Von draußen klopften Menschen an die Schaufensterscheiben. Einer sprang sogar gegen das Sicherheitsglas, bevor er panisch weiterrannte.

Ich fing an zu zittern und ein eisiger Schauer lief mir über den Rücken, als von draußen die lauten Sirenen des Zivilschutzalarms aufheulten. Vereinzelt sah ich draußen noch Menschen, die auf der Suche nach einem Unterschlupf umherirrten. Die Autos wendeten, versuchten wegzufahren und blieben im Stau stecken oder stießen zusammen. Schließlich verließen die Fahrer ihre Autos, nahmen ihre Habseligkeiten und versuchten ihr Glück zu Fuß. Innerhalb kürzester Zeit war es rund um den Bismarckplatz praktisch menschenleer. Die Polizisten sperrten die Fahrbahn und hoben die Sperrung kurzfristig wieder auf, um einer Fahrzeugkolonne des THW Zugang zu gewähren. Rauchschwaden zogen durch die Hauserschluchten und leckten an der Eingangstür. Unterdessen kam eine weitere Durchsage, aber diesmal von der kaufmännischen Leitung persönlich. Mit leicht zitternder Stimme berichtete sie, dass eine noch unbekannte Substanz bei dem schweren Unfall ausgetreten und das THW bereits vor Ort sei. Wir sollten Ruhe bewahren und uns zur reinen Vorsichtmaßnahme ruhig und gesittet in das obere Stockwerk begeben. Die Menschen drängten sich die schmale Rolltreppe nach oben und zeigten weder Rücksicht noch Nächstenliebe. Da hatten auch die schlichtenden Worte der Sicherheitsbeamten keine Wirkung mehr. Die junge Frau, die gerade noch in das Kaufhaus gekommen war, stolperte, landete unsanft auf dem Boden und drohte von der Masse erdrückt zu werden. Ich trat zu ihr, schirmte sie ab und hievte sie hoch.

Oben angekommen schlug ich mich mit ihr bis zu den Fensterscheiben durch und bettete sie auf den Fußboden.

Ich schaute auf mein Smartphone und sah weitere Eilmeldungen, die das Ausmaß der Katastrophe chronologisch dokumentierten. Ich sah in die von Panik, Angst und Schrecken gezeichneten Gesichter und beobachtete eine junge Mutter, die mit roten, tränenverhangenen Augen versuchte, ihr Kind zu beruhigen.

»Schaut euch das an«, rief ein Junge, vielleicht sechzehn Jahre alt, und zeigte auf sein Tablet. Eine Traube bildete sich um ihn. Ich sah nicht viel, aber ich hörte den blechernen Sound der übersteuerten Lautsprecher des flachen Gerätes. Das Video zeigte die eingestürzte Brücke der Rohrbacher Straße an der Haltestelle Weststadt/Südstadt. Einige Menschen um den Jungen raunten auf, als eine obszön in den Himmel ragende Straßenbahn in das Blickfeld der Kamera geriet. Autos reihten sich aneinander und wurden von Blaulichtern flankiert. Gegen den Motorlärm des Helikopters schrie die Moderatorin ins Mikro. Anscheinend war es eine Liveschaltung und wurde unzensiert übertragen.

»Was wir bisher wissen, ist, dass bei Heidelberg ein unbekannter Zug mit möglicherweise toxischen Stoffen hier unter uns entgleist und in Brand geraten ist. Wie man sieht, ist durch den Aufprall und die Detonation die Verkehrsbrücke zusammengestürzt. Vor weniger als dreißig Minuten ist schließlich die Tankstelle hinter uns explodiert. Wir gehen aktuell von mehreren Verletzten und Toten aus. Wie uns ein Sprecher des THW bestätigte, gilt für den gesamten Umkreis von Heidelberg: Fenster und Türen geschlossen halten. Die Evakuierungsmaßnahmen sind angelaufen.«

Der Kameramann schwenkte wieder nach unten und zoomte auf das Wrack, als sich das Bild plötzlich überschlug und ruckelte, bevor der Stream abbrach.

»Oh mein Gott«, schrie die Mutter mit dem Kind hysterisch, bevor das Kaufhaus von einer weiteren Detonation vibrierte und Artikel aus den Regalen fielen. Mit einem Knall fiel der Strom aus und hüllte uns, bis auf den Lichtstreifen der bodentiefen Glasfront, in Finsternis.

Schreie erfüllten die Luft, bevor die ersten Lichtoasen erwachten. Auch ich schaltete die LED meines Smartphones ein und spendete etwas Helligkeit. In diesem Augenblick interessierte sich keiner mehr für das Video, denn wir waren ungewollt ein Teil dieser Geschichte geworden.

Die dominante Stimme des Herrn mit den lockigen blonden Haaren tränkte die Dunkelheit und ließ die in Panik und Hoffnungslosigkeit versinkenden Menschen verstummen. Das blaue Licht der Einsatzfahrzeuge wurde von den Fassaden der Häuser zurückgeworfen und komplettierte das unwirkliche Szenario.

Die junge Frau neben mir wirkte verwirrt und ihre Stimme klang kehlig, als sie mich fragte: »Was sagt er?«

Ich schaute ihr tief in die Augen und folgte der Linie ihrer Sommersprossen, die sich auf der blassen Haut ihres Nasenrückens bis zu den Wangen ausbreiteten.

»Er will verschwinden, weil er glaubt, dass es hier nicht mehr sicher ist, und ich denke, dass er recht hat.«

»Wieso?«, fragte sie und schaute mich mit großen Mandelaugen an.

»Der Strom ist ausgefallen. Vielleicht ist sogar das ganze Stromnetz zusammengebrochen. Womöglich ist die Explosion die Ursache, vielleicht aber auch etwas anderes.«

Ich wischte ihr behutsam eine Träne aus ihrem Gesicht, bevor ich weitersprach: »Der Helikopter aus dem Video ist wahrscheinlich abgestürzt. Ich kann nicht hier warten, als wäre nichts passiert. Ich muss etwas tun.«

»Kommst du mit?«, fragte ich die Frau und gab ihr meine Hand

Sie taxierte mich, schmiegte ihr Gesicht in meine vor Aufregung und Adrenalin zittrige Hand, schloss die Augen und hauchte ihre Antwort zart wie Engelsfedern: »Ja.«

Es war verstörend, die Straßen mit leeren, herrenlosen Autos nicht nur von oben zu sehen, sondern sich auf ihnen zu bewegen. Ich schmeckte den beißenden Gestank auf der Zunge, während meine Augen brannten, und sah in die gehetzten, von Angst gezeichneten Gesichter. Die Sirenen des Zivilschutzalarms hallten in meinen Ohren, während wir geduckt zwischen den Automobilen Richtung Theodor-Heuss-Brücke rannten. Wir liefen zusammen – als Gruppe. Ich bildete mit der jungen Frau, deren Namen ich nicht kannte, das Schlusslicht. Als ich zurückschaute und die dunklen Rauchschwaden sah, die den Himmel verdunkelt hatten, blendete mich ein greller Lichtblitz, bevor uns wenige Sekunden verzögert eine gewaltige Detonation zu Boden riss. Die Luft wurde aus unseren Lungen gepresst und ein tiefes Grollen ließ die Erde unter uns erzittern. Aus der Ferne sah ich eine Feuerwalze auf uns zu rollen. Mühelos raste sie durch die Häuserschluchten und spuckte uns verbranntes Glas und Metall entgegen. Während die anderen vor uns zwischen den Autos über die Brücke flüchteten, bog ich mit der Frau scharf nach rechts ab, stolperte eine Treppe hinunter und presste mich gegen den kalten Beton. Ich schloss sie selbstlos in meiner Umarmung ein und versuchte irgendwie, mein Gesicht zu schützen. Dann kam die Hitzewelle.

Vorsichtig, fast schon schüchtern schälten wir uns aus den rußenden, angeschwärzten Jacken, schauten einander an und lächelten. Es war dieses bezaubernde Lächeln, das mich den Schrecken, die Angst und die Ungewissheit vergessen ließ und mir etwas schenkte – Hoffnung.

Margit Kraus

Ich hätte nichts anderes erwartet ...

Während ich auf dich wartete, wartetest du schon lange auf mich und darauf, dass ich das Richtige tat.

Während sie wartete auf die Diagnose, wartete er an ihrer Seite und es war erfahrungsgemäß weder leicht noch einfach und wir erwarteten, dass ihr alles gebt um der Zukunft der Menschen willen und so erwarteten die meisten nur das Beste und endlich den Frieden in der Welt.

Ich warte eigentlich immer auf irgendwas, irgendwen – wenn's nottut, jahrelang, bisweilen lebenslang. Es ist ein Ja dazu, das mich einlädt, nicht mehr nur auf mich selber zu schauen, sondern auf alles, was mich umgibt, und es zu sehen im Licht: Hier bin ich erblüht – hier ist mein Leben, so kurz und so lang und so intensiv, wie halt das Leben ist.

Ich bin in Aufbruchstimmung, während ich warte. Ich warte auf die Schnellbahn, kaue Kaugummi, später auf Bonbons herum und verdränge alles Unschöne und Bedrückende rigoros aus meinem Herzen. Rein äußerlich komme ich schwach daher, innerlich fühle ich mich stark. Das soll bitte aber nicht überbewertet werden.

Während ich warte, kann es schon mal vorkommen, dass ich eindöse: Neben Tag- und Wunsch-Träumen, die sich ab und zu meiner bemächtigen, habe ich auch Kaleidoskop-Träume, will meinen, ich träume hin und wieder in intensiv bunten Ausschnitten von vielem, was sich im Lauf der Tage an Bildern in mir angesammelt hat.

Ich bin das pfälzisch-kulinarische Wanderprogramm mitgegangen, habe Feigen-Spinat-Chutneys und Keschdebratwurst, charaktervolle Weine und wohlschmeckende Biere gekostet, wurde informiert über die Reife der Äpfel, Zuckergehalt, Vitamin- und Mineralstoffgehalt, probierte Apfelsekt und Apfelsecco. Meine Kinder, zuckerwatte- und schokoladenverschmiert, gaben dazu keine Minute Ruh, quengelten unentwegt: Lass uns zum Märchenkeller gehen! Zu Liebseelchen und Rapunzel. Warum will Schneewittchen nicht schlafen und wo geht's denn ab zu Rotkäppchen? – Mich wunderte, dass sie all die Verkostungen ohne Magengrimmen überstanden, während mir am Ende des Tages nur noch übel war. (Ein Hoch auf das frisch verkündete amerikanische Forschertrio, das den Nobelpreis für die Entdeckung exotischer Autophagien, d. h. also Selbstverdauungsprozesse in den menschlichen Zellen, bekam – das macht doch Hoffnung, was die Entsorgung von Überresten und Überflüssigem in unseren Körpern betrifft.) Das muss doch mit Recht belohnt werden.

Am Bahnhof abends, als wir auf den Zug warteten, der Blick auf das Smartphone.
Eine Frau verteilt Welpen. Jemand versucht, einen Baukran zu klauen. Kinder in Sandkästen bewerfen sich mit Sand und Spielzeugen. Auf der Plattform auto.de oder weg.de werden elektrische Autos verkauft. Neue Stadtviertel werden geplant und erschlossen. Auf die Infrastruktur der Straßen wird Wert gelegt. In Oberried bei Freiburg lagert das Bundesamt für Bevölkerungsschutz und Katastrophenhilfe eine Milliarde Kopien historischer Dokumente ein, um sie vor Unglücken, Sabotage oder zukünftigen Kriegen zu schützen.

In Speyer beginnen endlich die Dom-Musik-Tage mit einer Reihe von Benefiz-Konzerten. Mahlers letzte unvollendete Symphonie dringt an mein Ohr, seismographisch genau und subtil, als ob sie vor Krieg und Soldaten warnen wolle.

Dann das: Ein Mann passiert die Sicherheitsschleusen in Damaskus, wird grausam zusammengeschlagen und fällt ins Koma. Am Abend findet man ihn blutend und bewusstlos. Um seinen Hals trägt er ein Schild »Daesti« (= IS): Er kommt ins Krankenhaus, seine Familie wird verständigt, die Familienmitglieder gruppieren sich ipsenmäßig um das Krankenbett, das er wahrscheinlich nicht mehr verlassen wird, er ist nur noch zu parasozialen Interaktionen fähig: zu einfachem Fixieren und Blinzelkontakten. Das erschüttert mich. Gänsehautmoment. Ich blinzle aus dem Fenster, auf meine Kinder, die eingenickt sind.

Immer ist was los. Auf dieser entarteten Welt. Ich kann kaum die Augen aufhalten.

Und im Traum springe ich – die ich eine gute Schwimmerin bin – in das Meer; und ich schwimme hinaus, sehe das glitzernde Meer und den blauen Himmel und irgendwann recke ich meinen Kopf in die Höhe und erkenne, was ich in Wirklichkeit bin: ein winziges Stecknagelköpfchen in einem unendlichen Meer und reell ohne Chance, das Ufer je wieder zu erreichen. Ich verliere die Orientierung, werde unsicher, habe jegliche Daseinsgewissheit verloren. Was mich erwartet: die Angst vor dem plötzlichen Nichts. Während ich jetzt heftig schwimme und Angst habe und es nicht erwarten kann, das Ufer wieder zu erreichen, fängt es noch an zu regnen. Jeder Tropfen wie ein Schlag auf meinen Kopf.

Und überall auf der Welt rauschen gleichzeitig mehr oder weniger saubere Flüsse durch Steppen, Wälder und Savannen. Es erblühen Veilchen und Forsythien, Sonnen-, Mohn- und Kornblumen. Es tragen die Apfel- und Pfirsichbäume. Gegen die Kirschessigfliegen werden Bundeswehreinsätze geflogen.

Es torkeln zitternde Blätter zu Boden und schon fällt der erste Schnee und die ersten grünen Tannen werden geschlagen.

Angstgebadet wache ich auf. Aktiengesellschaften treiben ihr undurchsichtiges Spiel mit angeblich ach so kostbaren Papieren, die plötzlich nichts mehr wert sind; das beginnende einundzwanzigste Jahrhundert entfesselt atemberaubende Fortschritte, denen keiner mehr in vollem Umfang folgen kann, die teilweise entgleisen, aus dem Ruder laufen. Roboter übernehmen die Regierung, Klon-Menschen die Fortpflanzung. Was wird daraus werden?

Es geht auch um politische Verwirrungen, Verwerfungen, um Macht und Einfluss-Sphären, um Stellvertreterkriege in der Welt. Man muss wissen: Wichtige Dinge werden oft nicht in langen, manchmal dem Proporz geschuldeten Sitzungen entschieden, sondern meist in durchaus vertraulichen Vier-Augen-Gesprächen vor oder nach den Zusammenkünften.

Ein heftiger Hurrikan mit Windgeschwindigkeiten bis zu 230 km/h trifft auf die USA; es werden viele Ortschaften überschwemmt. Und was anderswo passiert, geht uns genauso an.

So warte ich also – wie jeder von uns –, immer wieder aufs Neue auf vermeintlich Neues, bisweilen jahrelang, schaue auf Weinberge, Menschen, Gras, Lichter, Berge, Täler und Geschichten.

Hier bin ich also aufgewachsen, hier leben meine Liebsten. Hier legen wir uns zur Ruh, wachen des Morgens auf, meist frohgemut. Schicksalsschläge und Krankheiten erwarten wir nicht. Wir hoffen einfach mit allem, was kommt, wir haben genug Resilienz und schlagen zurück. Und es ist ja noch nicht alles zu Ende, solange wir noch warten können ...

Margit Kraus

Morgen ist auch noch ein Tag

Vorbei die Tage wo helle Popelinmäntel des Abends auf
braunen Regensteinen sich müde wandelten
Klatschnasse Arbeitshände Vaters Trillerpfeife die Fanfare der Tagesschau
Wir stöberten noch ein bisschen herum bevor wir zu
Bett gingen

In dunklen Gehirnregionen hinter unsern stimmlosen
Trommelfellen bilden sich atemlos die Buchstaben
ohne Unterlass
Geschehnisse Überraschungen Überfälle
die sich arglos an unsere Turnschuhe krallen ...
Wie weiter machen mit all dem –
Doch morgen ist ja auch noch ein Tag

Lautlos rauscht der furiose Tag durch uns hindurch
wir zählen jede Minute die Stunden
die uns noch bleiben
doch vorbei sind die Tage wo Gutenachtgeschichten
uns wegtauchten in leises Dämmerlicht und warme
Träume
heute summt uns eine App fein sortiert in den Schlaf

Margit Kraus

Postfaktisch

Ich die Userin starre träge
auf die kreiselnde Sanduhr
im Programm

Der im Boost aktivierte Prozessor
braucht gefühlt zu lange
die schnellste Technik
ist mir immer noch zu lahm

Ich koche Kaffee
erledige meine Korrespondenz inzwischen
bring den letzten Brief zum Briefkasten

das alles in gefühlten zehn Minuten

Endlich auf die Uhr geschaut
Was – schon zwei Stunden vergangen
Habe jetzt auch die Soapstory
im Fernsehen verpasst

Was soll's

Ich die Userin klicke auf Mediathek
starre träge auf den Fortschrittsbalken
der sich krachend und dröge
in mein Auge ergießt

Thomas M. Mayr

An der Schranke

halt
ein
kreuz
raste

blicke
im spiegel
wird gekämmt, gebohrt,
die brille geputzt
signale allenthalben
ein brausen – es zieht
ein strich in der landschaft
trommelt den kopf
im schemenrausch
hunderte von schicksalen
in durchkreuzter flüchtigkeit

die schranke macht den weg
wieder frei
der kopf
auf vordermann

Thomas M. Mayr

Es Milchheisje

Es kunn äänem schunn lääd duh
wies do an de Stroos hockt
un de ganze Daach am Glotze is
wie de Verkehr vorbeibrummt

Heit guckt mer nimmi noom
Es is ald worr
un sieht leerisch un abgeschaffd aus

Frier wie ses gebraucht hunn
do sin se all zuum kumm
alsemo noch mim Gaul
hunn ihr Zeig gebrung
hunn getraatschd, geschdrundzt, geuuzt
do wars de Meddelpunkd
do hods de Leid ehr Geld gebb

Annerorts hot sichs nochemo rausgebudzt
doch innedrin isses entkerrnt
wie die Oma
wo als »Jo Jo« saat
awwer nix mi verstehe duht

Thomas M. Mayr

E guude Morje

Ich wolld die Zeidung hohle
da hunn ich de Müllämer gesieh
hunne uff die Strooß gestellt
awwer dann hodd am Kaffeedisch ebbes gefehld

Ich bin zum Eisschrank gang fer die Milch
ei die Kaffeemaschien war ja noch ohh
Ich hunn se ausgemacht unn mich hiegehockt
awwer de Kaffee is schwatz blibb

Alla hopp bin ich nochemo losgerennt
do hosche mich geruf: Vergiss de Brief fers Elsbet net
Ich hunne genumm unne newer mei Deller gelehnt
awwer is do net noch ebbes gewess?

Seletzt hunn ich di Zeidung gelääs
unn mei Milchkaffee gedrunk
mir dene Brief geschnappt
unn bin fert uff die Aarwet
bin awwer allewei werrer kumm
Ich hunn mei Kopp vergess gehatt

Was e Glick dass ichs gemärkd hunn

Frigga Pfirrmann

Das letzte Hemd

Das letzte Hemd fehlt den nackten Schaufensterpuppen. Sie sind nun entkleidet.

Nach dem Räumungsverkauf ist das Geschäft geschlossen. Die Puppen warten auf ihre Abholung.
Ausrangiert, hier werden sie nicht mehr benötigt. Sie müssen verreisen, ob sie wollen oder nicht.

Brav versahen sie lange Zeit ihren Dienst im Namen der Schönheit und Präsentation. Sie haben sich an- und ausziehen lassen, sind hin und her gestellt worden, mal mit Hut und mal ohne, in Gruppen oder allein.

Jetzt stehen sie etwas verloren in dem leeren Schaufenster. Es ist auch nicht sehr schicklich, so ganz ohne Hemd.

»Ich friere«, sagt eine Puppe zur Nebenpuppe. »Das lasse ich mir nicht länger gefallen, ohne Hemd und ohne Hose! Jeder, der am Schaufenster vorbeigeht, kann mich nackt sehen.«

»Komm, lass uns von hier abhauen!«

Frigga Pfirrmann

Große Dinge kommen mit Posaunen ...

Leuchtende Jahre liegen vor mir!

Ich muss nur kurz Luft holen. Dann trete ich meinen weltweiten Siegeszug an!

Was habe ich nicht alles erlebt:

mit Henna gefärbte Haare,
lila Latzhosen
und
strickende Männer!

Ich habe:

die Götter hofiert,
Hammelhaxen gebraten,
umstürzlerische Reden geführt,
mein Fett wegbekommen,
meinem Liebling selig seinen Seitensprung verziehen
und
ihm seinen Fehltritt heimgezahlt!

Ein Arbeitstier war ich, bar jeder Eitelkeit und Ruhmsucht.

Nun, das ist jetzt alles zu Ende.

Wenn ich es recht bedenke,

könnte ich auch einfach dableiben,
eine schöpferische Pause einlegen,
Hecken trimmen
und
endlich englische Zigaretten rauchen!

Meinen weltweiten Siegeszug kann ich immer noch antreten, ob mit oder ohne Posaunen!

Peter Reuter

Die Sache mit dem Bestseller ...

Eine derartige emotionale Dichte hatte ich bis dato noch nicht erlebt. Vom Verlauf dieses Gespräches würde wohl meine weitere Zukunft als Schriftsteller abhängen. Natürlich war ich vorbereitet, war ich präpariert. Die letzten Wochen hatte ich an nichts anderes mehr gedacht. Heute würde die Uhr schlagen. Die Herausforderung meines Schicksals galt es anzunehmen und in einen grandiosen Sieg umzuwandeln. Auch heute ging es wieder um ein Buch, auf dem ich die Hand hatte – und um die Auflage, welche durchzusetzen war. Mein Durchbruch war das Ziel. Geld und auch der Erfolg, sie waren bereits in Sichtweite und winkten mir zu. Das Gespräch begann pünktlich. »Hören Sie, warum drucken Sie das Buch nicht einfach nach, wo ist das Problem? Ich denke, die Testphase haben wir schon lange hinter uns. Die gesamte Republik, ach was, ganz Europa, alle warten auf die Neuauflage. Wir wissen doch beide ganz genau, das Buch ist der Hammer, ein absoluter Knaller, ein Glücksgriff. Sie haben es doch selbst mehrmals gelesen, Sie wissen es doch. Was zum Teufel hält Sie davon ab, nicht mindestens 50.000 davon drucken zu lassen? Sagen Sie es mir.« Meine Gesprächspartnerin hinter dem Schalter schaute real etwas hilflos. Eigentlich glotzte sie sogar – und sie schüttelte ausgesprochen energisch ihren Kopf. Nein, als Angestellte der örtlichen Raiffeisenbank würde sie es niemals verantworten, das Sparbuch einer Autorengroßmutter nachzudrucken. Auch eine damit verbundene risikolose Existenz als Verlegerin konnte sie drei Jahre vor der Rente nicht reizen. Wieder einmal zeigte mir das Schicksal feixend den Mittelfinger und trollte sich.

Ingrid Samel

Jetzt ist die Zeit

Als Erich Mühe endlich das tun kann, was er für richtig hält, tut er das Gegenteil. Gehen oder nicht gehen. Wohin soll er gehen? Er hätte es wie eine Flucht ins Nirgendwo empfunden. Der Gedanke beruhigt ihn jedoch nicht. Wenn er nicht geht, ist er nicht da, wo er vielleicht hat sein wollen.

Gibt es Grenzen, die zu überschreiten er imstande ist? Das Nirgendwo ist der Ort, an den er gelangen würde, wenn er die unerträgliche Situation verlässt, in der er sich befindet. Was aber! Er weiß nicht wohin, also bleibt er. Und will nicht bleiben und hat es satt zu bleiben, und sieht doch keine Alternative zum Bleiben, denn er will ja den Status quo erhalten, sein Zuhause, das lang Erarbeitete bewahren, seine Ehe mit Toni. Wenn ich gehe, ja, wenn ich sie verlasse, denkt er, das wäre noch in Ordnung. Aber wohin soll ich gehen?

Angenommen, er packte seine Sachen und zöge in eine Wohnung. Miete zahlen, okay. Er verdient Geld. In der Rente wird er wenig mehr als Sozialhilfe erhalten, immerhin regelmäßig. Das wird nicht reichen, denkt er. Ja, doch, ohne Auto, ohne Miete ginge das schon, aber die Nebenkosten. Es reicht so und so nicht. Wegen der Nebenkosten. Dann hier, ein Haus, ein Auto, Toni. Nebenkosten gemeinsam bezahlbar. Die Leute im Ort, die alles besser wissen, deshalb hat er mit denen nichts zu tun. Wozu auch, sie unterhalten sich über andere Dinge als er. Schon wie sie im Sommer die Hecke schneiden, obwohl sie gerade rund wächst, und den fleckigen Beton bevorzugen. Schande, denkt er.

Mühes leben abgeschieden. Bekommen nicht mehr mit, wo das Leben spielt, Bekannte sind weggeblieben.

Lesen solle er, meint Toni, Gott, das macht er ja den ganzen Tag. Er geht nicht weg. Im Kokon des Hauses vegetieren sie dahin, sozial und musisch auf dem Trockenen. Erich Mühe kommt sich vor wie Schrödingers Katze, tot und lebendig zugleich. Wenn jetzt nichts geschieht, kann er sich auch ins Bett legen und darauf warten, dass er stirbt.

Wohin, wenn ich gehe? Was er braucht, denkt, ist nicht wirklich das Draußen. Mobilität, Austausch gibt es nicht. Mühe ist auf sich gestellt. Wenn es Winter wird, fährt er schon lange nicht mehr Auto. Man weiß nie, ob man wieder zurückkommt. Wo wird das alles enden, außer in Selbstmitleid? Das Vakuum, in dem er sich befindet, wird sich verhärten – werde ich es verkraften, fragt er sich, werde ich es aushalten, dass ich nicht ausgebrochen bin?

Er wird das Haus kaufen, in dem sich sein Vakuum staut. Es ist egal, ob er kauft oder nicht. Es ist das Alles und das Nichts.

Erich Mühe hat alles durch. Trennung, Scheidung, Neuanfang. Keine Angst vorm Alleinsein. Toni deprimiert ihn. Es funktioniert nicht, was du sagst, es genügt nicht, du musst besser werden, mehr verdienen, wie du es anpackst, kann es nichts werden. Du kannst es nicht. Immer wieder sagt sie: Das kannst du nicht! Sie macht ihn mürbe. Sie behauptet, dass er nicht perfekt sei, aber das ist er, sie nur macht aus ihm Mister Imperfekt, weniger noch, den Mister Plusquamperfekt. Er war gewesen, er ist nicht mehr. Was könnte aus ihm noch werden? Das handeln andere für ihn aus. Er ist auf sich geworfen, im Vakuum des Nichtseins. Er will weg und er geht nicht.

Zwei Tage später
Mit der ihm größtmöglichen Selbstverachtung unterschreibt Erich Mühe den Vertrag, kauft das Haus, in

dem er mit Toni wohnt. Versager, klirrt es in seinem Ohr. Vernunftgeburt! Will es doch und will es nicht. Nichts geändert. Da geblieben. Kein Umzug, kein Neuanfang. Kein Nährstoff für die Seele. Nur ein Ofen, ein Eisenofen gar, jetzt fällt es ihm wieder ein. Mutterleib, dafür steht ein Eisenofen. Bei ihnen steht er im Zimmer. Und macht ordentlich heiß, wenn es draußen friert.

Ein schöner Moment, mit Toni zusammenzusitzen. Ein Wein, zwei Wein. Es geht ihm besser. Er entspannt. Doch der Abend endet böse. Er hat das Haus gekauft. Sie sitzt drin. Unverrückbar. Sie sagt: Es war meine Idee, das Haus zu kaufen. Er sagt: Ich habe gemacht, was du wolltest. Sie sagt: Du willst es nicht. Er sagt: Nein. Ich gehe jetzt – und er geht in sein Zimmer.

Eine Woche später
Erich Mühe wacht auf und etwas ist anders. Die Angst. Das Gefühl, sich krümmen zu müssen beim Aufwachen schon, der Schmerz in der Brust, wenn sich alles zusammenzieht. Alles ist weg. Wovor soll ich noch Angst haben, fragt er sich. Er hat nicht falsch gerechnet. Er will keine Angst mehr haben, dass er etwas falsch macht. Immer wieder im Nacken haben: Es ist falsch, was du tust, was du willst. Du rechnest nicht richtig, du siehst das nicht richtig. Die permanenten Vorwürfe der Frau: Das geht anders. Sie hört gar nicht hin, als er seine Geschichte erzählt.

Worüber hat er sich solche Sorgen gemacht? Dass das Herz schmerzt, er den Kopf einzieht, die Angst, die Angst, die überbordende Angst, die er entwickelt hat. Alles ändern? Angst davor. Nichts ändern? Angst.

In der folgenden Nacht träumt er. Er hat ein altes Haus gekauft statt des neuen. Das alte zerfällt, aber er sagt sich, dass das seine Entscheidung gewesen ist. Das neue hat er ja nicht gewollt. Er hat alles gemacht, wie er es gewollt hat. Im Traum dann auch keine Angst. Er läuft an dem verlorenen Haus vorbei ohne Bedauern. Und als er aufwacht, horcht er in sich hinein. Der Traum hat seine Angst besiegt. Das Ziehen am Herzen, er hatte sich so gekrümmt. Was machen seine Träume mit ihm? Alles, was er sich selbst tut, tun seine Träume ihm jetzt an.

Traumforscherinnen und -forschern zum Trotz geht er daran aufzuräumen. Sozialversicherung, Rente, alles lässt sich sortieren. Jetzt ist die Zeit, alles wegzuwerfen, was ihn die letzten Jahre bedrückt hat. Als er sein Leben verändern wollte und nicht wusste, wie. Gewartet hat, ob etwas passiert. Ganze Ordner fliegen in den Müll. Was hat er denn geändert! Nichts. Er räumt auf.

Margot Hella Scherr

1a Platz

Die Ampel ist rot.

Ein Mann gegenüber trägt eine Aktentasche an seinem baumelnden Arm, sein Anzug ist schwarz.

Eine Frau zieht das Einkaufswägelchen hinter sich her. Ihre Haare sind schwarz gefärbt, das sieht man deutlich.

Von rechts zieht ein Hund eine Frau an der Leine.

Eine Frau mit Kind auf dem Arm kreuzt.

Ein Mann schiebt den Junior-Wagen.

Ein Mann mit Hund, sehr, sehr klein, zerrt an der Leine von rechts.

Eine Hochblondierte mit auffälligem Schmuckgebilde über der Brust – Zweifel – Zweifel – Kunst?

Russisch?

Drüben eine zierliche Frau, dunkelhaarig, gebräunt, mit zwei zierlichen Kinderchen, woher wohl?

Achtung!

Kinderwagen von rechts, doppelläufig, eilt mit wehendem schwarzen Gewand und Kopftuch wutsch vorbei.

Ein Mann in Jeans und dunklem Teint dreht sich im Vorbeigehen danach um – Hoppla.

Eine knallrote Jacke stolziert auf Stöckelschuhen durch das Bild.

Die Ampel schaltet auf Rot – drei Menschen stehen auf Halt.

Auch die knallrote Jacke steht auf Halt.

Ein Uniformierter eilt von rechts mit scharf bestücktem Koppel; schwarz glänzen die Glanzstücke.

Ein Viergespann schiebt sich von links ins Bild, dran klebt eine junge kräftige, kopfbetuchte Frau, in Turnschuhen.

An ihrer Seite eine sportliche, schlanke Frau.

Zwei dunkelhaarige Männer im mittleren Alter drängen sich von rechts – holla – holla – ins Bild.

Sie drehen die Köpfe nach dem Gespann und nicken sich anerkennend angesichts der respektablen Situation zu.

Die Ampel zeigt Grün, das Gespann eilt davon.

Eine Frau auf der gegenüberliegenden Seite hält sich am Rollator, eine Jüngere am Kinderwagen fest.

Noch eine Frau dunkelhaarig aufgebauscht, aus dem Kinderwagen lugen zwei riesengroße schwarze Kinderaugen unterm rosa Strickmützchen hervor.

Wieder eine Frau und ein Kind im Wagen und ein Kind an ihrer Hand, die aus dem schwarzen flatternden Gewand lugt.

Sie gehen über die Straße mit der Ampel.

Die Hochblondierte mit dem auffallenden Schmuckgehänge über der Brust eilt jetzt von links.

Der Vierspänner mit den beiden Frauen im Schlepptau zieht eine deutliche Schneise durch das respektvolle Spalier aus Passanten.

Holla, holla, die Herrchen und Dämchen mit den Zipfelmützchen zaubern ein Lächeln auf jedes Alltagsgesicht – ein starker Auftritt!

Ein schwarzhaariger Junge mit Schulranzen und Flatterjoggern trottet über die Grünphase.

Ein rothaariges, krauses Lockenköpfchen tänzelt in grünweißen Ringelstreifen an der Hand einer noch rothaarigeren krausen Schönheit von der anderen Seite entgegen.

Ein Mann zieht einen Grünkapuzenhund von links.

Der blaue Cop mit dem schwarzen Koppel kommt von links balancierend, die Hände und Arme bis zum Halsansatz mit Döner gefüllt.

Eine gebrechliche ergraute Frau schiebt ein Gehwägelchen, eine junge Frau schiebt einen Kinderwagen, eine stark geschminkte alte Dame wackelt auf gestelzten Beinen unsicher von Schwarz auf Weiß und Weiß auf Schwarz der Bodenzeichnung.

Ein dicker junger, unrasierter Kerl mit Tattoo auf der blanken Glatze überholt sie mit schnellem Schritt, dreht den Kopf und – und lächelt ihr zu!

Ein Kinderwagen von links, ein Kinderwagen von rechts, ein Kinderwagen von rechts, ein Kind an der Hand einer Frau, ein Kind hüpft allein, ein Mädchen schlendert kauend allein, ein Mann, ein Rollator, ein Kinderwagen mit Mann, ein Kinderwagen mit alter Frau, ohne Kind, ein Rollator, ein Fahrradfahrer, ein Fahrradfahrer, noch ein Fahrradfahrer von links, ein ...

Ich höre meinen Namen in der Ansage und verlasse den Platz.

Wolfgang Schuster

das ist doch nur
schnee von gestern
der schmilzt
wenn wir noch warten

seid unbesorgt:
frühestens morgen
ertrinken wir

Wolfgang Schuster

die vorboten
werden abgewiesen

den verkündern
wird gekündigt

um nicht hereinzufallen
auf die wirklichkeit
vertrauen wir
den gerüchterstattern

wir warten
am ende
der falschen schlange

Wolfgang Schuster

gestern noch
war unsere zeit
uns voraus

morgen schon
fallen wir
der zukunft
in den rücken

Wolfgang Schuster

ausgekämmt von der angst
lungern vor der tür
ein paar fragen

etwas springt aus dem hausflur
wirft sich auf die gasse
und fischt in erbrochenem
nach einer perle

der tugendpfadfinder überprüft
die wiederverwendbarkeit
einer lüge

die pferde brennen

blut wechselt beim trocknen
die farbe nicht mehr

im gebüsch verbirgt sich
der ungeschehenmacher
und wartet

Lothar Seidler

Tattoo 2006

Mit der Eisenbahn will ich an einen Sehnsuchtsort fahren. Das dauert seine Zeit und die muss ich nun durchwarten. Bei unübersichtlichem Bahnsteigwuseln kommt der Waggon so zum Stehen, dass ich von beiden Türen gleich weit entfernt bin. Ein Pulk ist geringfügig kürzer, was mir aber nichts bringt. Als sich die Tür öffnet, steigt scheinbar wieder mindestens der halbe Zug genau dort aus, wo ich den Eingang suche. Nach dem letzten Aussteiger bricht das Spalier der Wartenden zusammen, formt mühsam einen Reißverschluss. Schnell die Stufen erklimmen, um dem Druck der Nachdrängler zu entgehen. Die vor mir Eingestiegenen wabern durch das Großabteil, und ein Sitzplatz am Gang wurde wohl übersehen, ein Mann sitzt am Fenster, Typ Geschäftsreisender mittleren Alters, noch frei? Ja. Aus der Masse ausklinken. Die Rauchutensilien aus der Tasche wühlen, zusammen mit dem Buch, Tasche auf die Ablage wuchten, endlich Luft holen.

Beim Stopfen der Zigarette hält mir der Sitznachbar seine geöffnete Schachtel hin, ich soll eine nehmen, womöglich eine Gesprächsverpflichtung, aber dann Utensilien beiseite, danken. Er gibt mir Feuer, zündet seine an, und während der Zug in die

Abenddämmerung fährt, beginnt der Reisende zu erzählen.

Die Bahn könne ihn mal kreuzweise, er habe sowas von die Nase voll, das könne er allen, die es wissen wollten, mehrfach schriftlich geben, ständig diese Verspätungen und bei der Fahrkarte hätten sie ihn auch noch beschissen, er habe viel mehr bezahlt als eigentlich notwendig und das lasse er sich nicht gefallen, er werde jetzt die Bahn verklagen, denn er habe eine Rechtsschutzversicherung und für irgendwas müssten die hohen Prämien ja gut sein.

Überhaupt werde alles immer teurer und die Auftragslage immer beschissener, er sei in der IT-Branche tätig, erst angestellt, aber dann habe man ihn outgesourct. Wenigstens sei er zertifizierter Entwickler für alle relevanten Betriebssysteme, aber leben könne er davon nicht, jedenfalls könne man das nicht unbedingt so nennen, der Brotkorb hänge verdammt hoch, an Urlaub sei überhaupt nicht zu denken, und er sei ja richtig vorbildlich, habe die Selbstständigkeit gewählt und eine Ich-AG gegründet, sich weitergebildet, aber hallo, und das honoriere ihm nun keiner, stattdessen zahle er nur ständig Steuern und Abgaben, von wegen Steuerreform, da würden doch wieder nur die Falschen bedient. Die Regierung sei sowas von unfähig und der Kanzler seit der Wahl immer unsympathischer geworden und die Kandidatin oder auch der Kandidat, so genau wisse man das ja nicht, beide so furchtbar dumm, wie überhaupt mit allen diesen Politikern kein Staat zu machen sei im wahrsten Sinne des Wortes, haha.

Seine Frau habe studiert, Diplomhistorikerin, dann promoviert, und nun wolle sie das Leben und die weite Welt genießen, sozusagen Selbstverwirklichung, irgendwie solle sie das ja auch, aber er verstehe es nicht. Er habe jetzt eine junge Frau aus der Ukraine kennengelernt, ein echtes Multisprachentalent, wolle hier studieren und er wolle ihr mal unter die Arme greifen, damit sie einen guten Start habe.

In den 80er-Jahren habe er Fußball gespielt und bei einer Benefizveranstaltung noch die alte Nationalmannschaft von 1974 getroffen. Er habe sich mit Seeler und Overath geduzt und Gerd Müller habe sich vor ihm ausgezogen. Nur Beckenbauer habe eine eigene

Umkleidekabine gehabt, die Nase hoch getragen und sei im eigenen Luxuswagen angereist und nicht mit dem Mannschaftsbus, der Kaiser eben. Und das Getue sei ja jetzt noch viel schlimmer geworden. Er könne das nicht mehr ernst nehmen.

Am Arm habe er eine Tätowierung, sozusagen eine Jugendsünde, sie hätten damals, so mit achtzehn bei der Bundeswehr, eine Gallone Whisky und einen Kasten Cola gesoffen und dann mit zwei Nadeln und blauer Tinte, und nun sehe es furchtbar aus, er könne nur noch langärmlige Hemden tragen. Das sei eine echte Scheißaktion gewesen. Er habe sich erkundigt, eine Behandlung in der kosmetischen Chirurgie koste 600 Euro pro Eingriff und davon könnten in schwierigen Fällen bis zu zehn notwendig sein. Und das ohne Erfolgsgarantie. Man könne auch Haut transplantieren, etwa vom Arsch, aber das sei noch teurer.

Jetzt zu Ostern habe er seine Mutter besucht, und das sei wieder so furchtbar gewesen. Sie mache ihm ständig Vorwürfe, aber man habe sich eigentlich nichts mehr zu sagen, und seine Modelleisenbahn stehe dort immer noch herum, alles sauber in Kisten verpackt, da seien wertvolle Stücke dabei, er habe damals schon immer nach Sondermodellen Ausschau gehalten, er müsse das mal wieder richtig aufbauen, mal einfach Urlaub dafür nehmen, und das dann wieder regelmäßig ... aber keine neuen Modelle mehr ... ja ... na ja ...

Er schweigt. Zieht schließlich die Zigarettenschachtel heraus, die er mir noch einmal hinhält. Nach dem Anzünden rauchen wir, er blickt zum Fenster hinaus, in die Dunkelheit, sagt auch weiterhin nichts mehr. Ich schlage nach einer Weile das Buch auf und will lesen, aber die Sätze zerkrümeln, zumindest eine Zeit lang.

Der Zug erreicht Frankfurt am Main, Umsteigebahnhof für ihn wie für mich. Er geht vor mir durch den Mittelgang des Großraumabteils, bleibt bei der Gepäckablage am Kopfende stehen, der Strom der Aussteigenden spült mich vorbei, ohne dass ich etwas sage. Auf dem Bahnsteig blicke ich gegen die Flutbewegung zur Waggontür zurück, um mich vielleicht doch noch zu verabschieden, aber er zeigt sich nicht und dann bin ich in der Menge verschwunden, unterwegs zur nächsten Etappe.

Sonja Viola Senghaus

Gehen oder bleiben

Ich will bleiben
doch der Strom zieht mich mit

irgendwohin nirgendwohin

bin unbehaust
geschichtslos gesichtslos

warte auf ein Zuhause

dort wo Schutzwälle
mich erwarten

HEINZ WÜST

Schnellzuuch noch Paris

Es war emol – unn des is sicherlich kää Märche – es war emol in ennere Zeit, in der en elektronischer Taschrechner noch so um die 250 D-Mark gekoscht hot. Ich war grad debei im fünfte Semeschder in Karlsruh Heizungs- unn Sanitärtechnik zu studiere. Anfangs hawwen mir die Multiplikazione mit emme Rechenschiewer gemacht unn die Addizione so, wie mers in de Volksschul gelernt hot. Wie dann die erschde Tascherechner uff de Markt kumme sinn, war des schunn ä großie Erleichterung, awwer 's war fer so ä kläänes Rechnerle, des so groß wie ä Zigaretteschachtel war, ä langie Lieferzeit in Kauf zu nemme.

De Udo aus Ingehäm unn ich aus Gleisweiler waren zu dem Zeitpunkt in de gleiche Klass' unn sinn ach zusamme mit de Bundesbahn in d' Schul g'fahre.

Meischdens hänn mir um korz noch dreizeh Uhr Unnerricht ausg'hatt, sinn dann mit de Strooßebahn vum Durlacher Door zum Bahnhof g'fahre unn um verzeh Uhr grad mit de Bahn iwwer de Rhei in Richtung Landau gerääst.

Es war an emme kalte Winterdaach, ich wääß es noch, wie wann's geschdern gewesst wär. Im Unnerricht sinn Stunne ausg'falle unn mir hänn frieher häm gederft. Am Bahnhof hab ich mei Fraa dehääm a'gerufe, awwer vun de Telefonzell aus. Vun emme Händy hot mer jo domols noch nix gewisst. »Gertrud, mir kummen heit en Zuuch frieher hääm«, hab ich 're in de Hörer verzehlt.

Eichentlich hätt' der Zuuch jo schunn korz nooch de Elfe abfahre solle. An dem Bahnsteich war awwer känner zu sehe. G'frore hot jeder vun uns wie 'n Aff, dass es kaum auszuhalte war. Unn als widder is die Durchsaach kumme, dass der Zuuch Verschbetung hot.

Fer in die Bahnhofswertschaft ins Warme zu gehe, hänn mir uns awwer ach net getraut, weil mer jo net genau gewisst hänn, ob mer net den Zuuch verbasse. Also hänn mir gewaat unn gebibbert unn gebibbert.

Nooch ennere g'schlachene Stunn war's dann so weit. Er is langsam eingerollt, der Zuuch, vun dem mir uns ä warmes Plätzl verschbroche hänn.

Nix wie dabber nei ins nächschtbeschde Abteil, hieg'setzt unn 's hot ach gar net lang gedauert, do is der schunn a'gerollt. »Endlich«, hänn mir uns gedenkt und die Wärm hot uns richtich gut gedue.

Wie mir awwer nooch enre Weil beim Fenschdernausgucke gemerkt hänn, dass des awwer heit annerscht draus aussieht wie sunscht, wammer hääm g'fahre sinn, do sinn uns doch Zweifel uffkumme.

Es hot ach gar net lang gedauert, do is de Schaffner zum Fahrkaatckontrolliere in unser Abteil kumme unn hot uns uffgeklärt: »Mir fahren grad im Eilzuuch nooch Paris, der jedoch nett in Rastatt halte deet unn mir müssten in Baaden-Oos ausssteiche.« Dass mir kä Schwarzfahrer sinn, hot er jo an unsere Monatskaate g'sehe.

Was war do eichentlich bassiert? Der lange Zuuch is in Karlsruh getrennt worre. Die änd Hälft fer in Richtung

Landau, die anner Hälft fer nooch Paris. Mir sinn dummerweis dann im letschte Waache geland't, der nooch Frankreich vorg'sehe war. »Gertrud, mir sinn jetzt halt in Baden-Oos geland't unn ich kumm genau so schbeet hääm wie sunscht ach«, hab ich vum Telefonhaisl aus dehääm B'scheid gsaacht.

Mit dem nächschtbeschde Zuuch sinn mir dann widder nooch Karlsruh g'fahre unn hänn ach dem zuständnische Schaffner glei verzehlt, was uns bassiert is. Fer die u'gewollt Spazierfahrt hänn mir awwer net noch zusätzlich Geld bezahle misse.

Beim Umsteiche in Karlsruh hänn mir dann ach sofort de Aschlusszuuch fer in die Palz erwischt unn sinn uhne Wartezeite gut akumme.

Inzwische hot sich jo viel geännert. Die Tascherechner koschden heit blooß noch en Bruchdääl vun dem, was ich domols bezahlt hab. Die Waatezeit bei de Deitsche Bahn unn Verschbäätunge, die sinn allerdings gebliwwe!

Das Ungeheuerliche

Sabrina Albers

Die Reise

»Wenn du die Möglichkeit hättest, wohin würdest du noch einmal reisen?«, fragt sie mich, während ihre Hand meine streichelt. An so vielen Orten bin ich gewesen, woher soll ich wissen, welcher der schönste war, wo ich am glücklichsten war, frage ich stumm zurück. Sie sitzt nur da und lauscht der Stille. So unterhalten wir uns schon seit Wochen. Alle kommen sie mich besuchen, die ganze Familie. Manche seltener, manche öfter. Mit mitleidigem Blick die einen, mit der Hoffnung, mich bald sterben zu sehen, die anderen. Ich liege da, lasse mich anstarren und starre nur zurück. Das ist es also, was bleibt von einem Leben: Man wird geboren, um sich Jahre später von der Familie anstarren zu lassen, und fragt sich dabei, völlig zu Recht, wer diese Menschen überhaupt sind.

Ich habe fünf Kinder, eine Ex-Frau, eine Frau und vier Enkel. Das sind viele Augenpaare.

Sie drückt meine Hand, steht auf und geht zum Fenster. Mit ihrer Mutter hatte ich mich vor Jahren überworfen. Sie hatte geschworen, nie mehr mit mir zu sprechen. Bis eines Tages ein junger Mann vor meiner Tür stand. Er sagte mir, dass ich zum ersten Mal Großvater geworden sei, und legte mir ein Kind in den Arm, das mich mit großen Augen neugierig musterte. Im Auto hinter ihm saß meine Tochter. Manchmal dauert »nie mehr« nur einen Augenblick, manchmal eine Ewigkeit. Dieses Kind beendete die Ewigkeit. Nun ist sie erwachsen, steht am Fenster und schaut mich mit denselben Augen an.

»Vielleicht noch einmal nach Venedig?«, fällt ihr ein.

Venedig. Die erste große Reise ihrer Großmutter und mir. Wir hatten Monate gespart, um uns Italien leisten zu können. Begleitet wurden wir von meinem Schwager und seiner Frau. Frühmorgens, direkt nach der Spätschicht, fuhren wir vom Werk los. Die Frauen hatten ihren Arbeitskittel gegen neue Caprihosen getauscht, die Haare mit Tonnen von Haarspray aufgetürmt. Die erste Autopanne hatten wir kurz hinter dem Brenner, doch das konnte unserer Sehnsucht nach der Welt keinen Abbruch tun. Eine Woche verbrachten wir in dieser wunderschönen Stadt. Wir tranken Bellini und tanzten in Musikklubs. Für eine Woche gehörte uns alles und noch ein bisschen mehr. Ihre Großmutter hatte ich selten schöner und glücklicher erlebt. Nie hätte ich gedacht, dass ich diese Frau irgendwann einmal nicht mehr lieben würde.

Sie nimmt die Schnabeltasse mit dem alkoholfreien Bier und setzt sie an meine Lippen.

»Aber weißt du, Opa, Venedig hat heute bestimmt auch nicht mehr den Charme von damals. Vielleicht würde ein Wiedersehen die Erinnerung zerstören.«

Sie gibt mir einige Schlucke zu trinken, tupft mir mit einem Taschentuch die Lippen ab. Vor 30 Jahren habe ich das bei ihr getan. Damals war ich gerade frisch geschieden und baute mir mit meiner zweiten Frau ein neues Leben auf. Ein intensiv gelebtes erstes Leben lag da bereits hinter mir. Sie tapste mit unsicheren Schritten durch meine Wohnung, das Gesicht schokoladenverschmiert, der Blick wach und forschend. Ich bläute ihr ein, im Leben nicht festgefahren zu sein, Gelegenheiten zu erkennen und zu nutzen, keine Scheuklappen zu tragen. Und das Schwierigste: nie das Vertrauen in sich selbst zu verlieren. Das eigene Leben zu machen. Wenn sie strauchelte – und das tat sie – hielt ich an ihr fest und erzählte ihr von meiner Zeit als Konditorlehrling, von meinen Erlebnissen als Bürgermeister und wie es war, als westdeutscher Zollbeamter an der innerdeutschen

Grenze zu arbeiten. Sie schaute zu mir auf, sah mich als Helden und zog aus der Gewissheit, dass ein Leben nicht geradlinig verlaufen musste, neuen Mut. Jetzt ist sie diejenige, die versucht, mir etwas zurückzugeben. Es ist, als wäre sie die Erwachsene und ich das Kind, als würde mein Leben weniger.

Mit ihrer Hand streicht sie über meine Wange, fährt durch mein Haar. Ich versuche, sie mir als eine Mutter vorzustellen. Mir ist bewusst, dass ich weder meine Urenkel noch den Moment erleben werde, in dem einer meiner Enkel heiratet. Denn trotz ihrer Unterschiede haben die vier eines gemeinsam: die Unfähigkeit, sich langfristig zu binden. Obwohl sie mich neulich mit der Nachricht überraschte, sich verlobt zu haben.

Sie drückt den Knopf, um nach einer Krankenschwester zu rufen. Als diese kommt, bittet sie um eine weitere Decke für mich. Ich will ihr sagen, dass mir nicht kalt ist, doch meine Lippen sind nicht in der Lage, meine Gedanken auszusprechen. Es ist zu anstrengend.

In den letzten Wochen habe ich gelernt, dass Selbstbewusstsein nicht nur bedeutet, dass man sich im Leben behauptet, eine Karriere aufbaut, Kinder großzieht und stolz auf seine Leistungen ist, sondern dass auch dazugehört, sich von seiner Familie füttern und von wildfremden Menschen waschen zu lassen. Wenn du das nicht erträgst, verlierst du deine Würde. Dann wird dir die Ausweglosigkeit deiner Situation bewusst, die Gefangenschaft in deinem eigenen Körper. Mit deinen Erinnerungen als einzigen Zellengenossen.

»Erzähl mir von dem Ort deiner Kindheit.«

Sie nimmt die weiße Decke, schüttelt sie auf, legt sie über mich, und während sie sie glatt streicht, sehe ich die Ostsee. Ich renne über die Dünen, schmecke das Salz auf meinen Lippen, höre meinen Bruder hinter mir rufen und lachen. Das Meer liegt verheißungsvoll vor mir. Dieser gewaltige Anblick. Ich konnte damals gar nicht fassen, dass es so viel Wasser auf einem einzigen Fleck gibt. Mir wurde schwindlig vor Glück. Mein Bruder lachte wie wild und stolperte durch den Sand. Unsere Mutter schimpfte uns später fürchterlich, da wir uns von ihrer Hand losgerissen hatten. Doch das war uns egal, wir sahen zum ersten Mal in unserem Leben das Meer. Jahre später verschwand mein Bruder. Er suchte sein Glück in der Ferne und ich habe nie mehr von ihm gehört. Meiner Mutter brach es das Herz. Seinen Verlust konnte auch ich nicht aufwiegen. Niemand konnte das. Wie sollte das auch gehen.

Sie sieht mich lange an. Ich merke, dass sie etwas beschäftigt, doch meine Kraft reicht nicht aus, um sie danach zu fragen.

»Opa«, fragt sie schließlich, »gibt es etwas im Leben, das du wirklich, ich meine in echt und von ganzem Herzen bereust? Irgendetwas? Und würdest du es anders machen, wenn du die Chance dazu hättest?«

Ich frage mich, womit sie hadert. Die Frage kann nicht mir, sondern nur ihr selbst gelten, denn sie muss wissen, dass ich nichts bereue. Ich habe Fehler gemacht, aber würde ich dieses Leben noch einmal leben, würde ich mit Absicht die gleichen Fehler wieder begehen. Vielleicht haben meine erste Frau und ich zu früh geheiratet. Vielleicht war die Scheidung zu erbittert. Ich war definitiv zu streng mit meinen Kindern und habe dafür meine Enkel später zu sehr verwöhnt. Ich hätte die eine Abzweigung hier und die andere Abzweigung dort nehmen können, aber dann wäre ich jetzt nicht hier. Nicht mit meiner Frau, die jeden Tag an meinem Bett wacht. Nicht in diesem Krankenhaus, nicht umsorgt von meiner Familie, nicht verlassen von meiner Familie. Vielleicht wäre ich jetzt schon gestorben, vielleicht auch noch gesund. Oder in einem anderen Land. Noch vereint mit meinem Bruder. Wer weiß das schon? Und wer will das auch wissen. Das Leben ist nur einmal und wir können nicht mehrere Leben parallel leben. Unsere Fehler, unsere falschen Entscheidungen, unsere Niederlagen gehören genauso zu uns wie unsere Erfolge und Hoffnungen. Nur das ist es, was uns ausmacht. Auch sie wird es eines Tages lernen, dann wird es gut sein. Ich drücke schwach ihre Hand und hoffe, dass sie mich versteht. Ihre Augen sind leicht glasig, als sie den Kopf auf meine Brust legt.

»Es gibt einen Ort, an dem ich noch nie war. Hoffe für mich, dass sie mich bald hinlassen«, flüstere ich lautlos in ihr Haar.

Marianne Baun

Hoffnung

Jahre sind vergangen, seit er gestorben ist.

Kurz zuvor hatte sie das Todesurteil gehört. Danach waren nur noch Warten, Hoffen, Bangen und letztendlich tiefer Schmerz zurückgeblieben.

Nach dem Tod herrschte der Schock, die gefühlsmäßige Versteinerung und das Nicht-wahrhaben-Wollen des Geschehens vor.

Dann die Fragen danach: Vielleicht kommt er wieder, vielleicht ist er nur verreist wie so oft und ist morgen zurück.

Es kam zu Gefühlsausbrüchen, die geprägt waren von Angst und Wut, Zorn und Schuldgefühlen.

Die Sehnsucht war immer da. Der erlittene Verlust und dieser Schmerz, der dem Körper so wehtut.

Jede Lebenskrise ist auch eine Chance. Die Chinesen haben für Krise und Chance dasselbe Schriftzeichen.

Von ihnen könnte ich lernen.

Schicksalsschläge und Lebenskrisen treffen uns meist unerwartet. Alles, woran ich geglaubt hatte, stimmt auf einmal nicht mehr.

Ich habe das Gefühl, vor dem Nichts zu stehen, zweifle an mir selbst und stelle den Sinn des Lebens infrage.

Jeden von uns bewegen einmal solche Probleme im Leben, die uns nicht mehr los lassen und auf die wir keine Antwort finden.

Was hilft mir in diesen schweren Zeiten? Was stärkt und was stützt mich? Welche Menschen stehen mir zur Seite? Und vor allem anderen: Wie kann ich mir selbst helfen?

Bei der Beerdigung höre ich die Sätze des Predigers Salomo:

Alles hat seine Zeit.

Es gibt eine Zeit der Freude.

Eine Zeit der Stille.

Eine Zeit des Schmerzes, der Trauer und eine Zeit der dankbaren Erinnerung.

Das hört sich einfach an. Aber die Wirklichkeit, mein Leben mit Gutem und Schlechtem zu nehmen, wie es ist, das ist eine der schwersten Aufgaben überhaupt.

Gleichzeitig ist es der einzige Weg, der mir wirklich Zufriedenheit geben kann.

Gott lässt zu, dass mein Leben so verläuft, wie es verläuft. Er bewahrt mich vor vielem, vor vielem anderen nicht. Ich treffe Entscheidungen und merke, dass die eine richtig war, die andere nicht. Menschen treten in mein Leben und Menschen verlassen mich, manche für immer.

Aber anstatt mich ausgeliefert zu fühlen und darüber zu verzweifeln, endlos zu warten oder sich willenlos dem Schicksal zu ergeben, kann ich mein Leben annehmen im Vertrauen auf Gott.

Während dieser Worte kommt die Sonne durch die Wolken hindurch. Der Raum erscheint auf einmal hell und klar und ich weiß, dort oben im Himmel, wo jetzt die Sonne scheint, ist Freude vollkommen und Seligkeit ohne Ende.

Dort oben ist die höchste Form des Lebens erreicht.

Lilo Beil

Karfreitag

Und jeden Tag wirst du aufs Neu' ans Kreuz geschlagen,
und immer wieder drückt man dir die Dornenkrone auf.
Du hast auf viele Arten schon dein Kreuz getragen,
und neues Leid nimmst immer wieder du in Kauf.

Du trägst das Antlitz des verwundeten Soldaten,
den grausamer Befehl zum Töten zwang.
Du bist das Kind auch, das, getroffen von Granaten,
vergebens um sein Leben rang.
Dein Golgatha trägt viele Namen:

Verdun, Aleppo, Auschwitz, Buchenwald.
Die Menschen all, die ohne Schuld zu Tode kamen,
sie spiegeln deine Pein am Kreuz, das Siegen der Gewalt.

Und jeden Tag ertönen neue Hammerschläge,
und immer wieder gibt es neue Qual.
Das Grauen sucht sich immer wieder neue Wege,
verwandelt unsre Erde in ein Jammertal.

Und doch ist immer wieder neues Hoffen,
und immer wieder kommt der Ostertag.
Es stehen immer wieder Türen offen,
und wir vergessen den Karfreitags-Hammerschlag.

Knut Busch

Leer

Reglos sitze ich auf dem Boden des Zimmers und warte.

Wie monotoner Gesang klingt das Summen einer Fliege durch den leeren Raum.

Jedesmal, wenn sie gegen das geschlossene Fenster prallt, zähle ich bang die Sekunden der Stille.

Meine Augen wandern zu dem Platz, wo die Tapete nicht verblichen ist. Dorthin, wo das Bild hing.

Ich habe es der Tochter des Trödlers geschenkt, der am Morgen die Möbel entsorgt hat.

Versunken hat sie davor gestanden und gesagt, wie schön die Frau darauf sei. Die strahlenden Augen des Mädchens ließen mich für einen Moment etwas von der Wärme spüren, die in dem Bild wohnte. Bisweilen umwehte sie mich sanft und wohltuend, ein andermal brannte sie glühende Spuren der Sehnsucht in meinen Körper.

Es klopft an der Tür. Erschrocken schaue ich ihm entgegen, hatte ihn später erwartet.

Ich öffne das Fenster und scheuche die Fliege hinaus.

»Es wird Zeit«, meint er leise und legt mir seine Hand auf die Schulter. Sie ist weich und warm.

Ich hatte sie immer eiskalt und gläsern geträumt.

»Ist es weit?«, frage ich zögernd.

»Vertrau mir«, sagt er sanft und ich folge ihm.

KATHARINA DÜCK

Frau Numrich

für L. N.

Frau Numrich war unsere erste Vermieterin und ich mochte sie. Sie vermietete meiner Familie die erste Wohnung in Deutschland. Wir haben lange gesucht. Wir, das sind meine Eltern, mein älterer Bruder und ich, wobei mein Bruder und ich natürlich keine Wohnung gesucht hatten. Wir waren in der Schule mit unseren eigenen Problemen – heute würde man »Inklusionsbestrebungen« sagen – beschäftigt. Aber meine Eltern suchten sehr lange eine Wohnung. Eine Arbeit hatte mein Vater schnell gefunden, obwohl ihm sein Lehrerdiplom hier nicht anerkannt worden war, aber seine Schlosserlehre und seine Lehrveranstaltungen an der Hochschule im Technischen Zeichnen. Also wurde er als Bauzeichner angestellt. Uns konnte er aus dem Übergangslager nachholen, sobald er eine Wohnung hatte.

Und da war Frau Numrich, deren schon lange verstorbenem Vater noch vor der Verstaatlichung das große Bahnhofsgebäude im Dorf gehörte, welches er seiner einzigen und über alles geliebten Tochter vererbt hatte. Im größeren Gebäudekomplex wohnte Frau Numrichs ebenfalls einzige Tochter mit ihrem Mann und der einzigen Enkelin von Frau Numrich und einem furchtbar garstigen Boxer. Frau Numrich selbst hatte eine eigene Anliegerwohnung im selbigen Komplex. Im Ostflügel hatte sich ein Orthopäde eingemietet und im Westflügel direkt über der Bahnhofskneipe gab es noch eine Dreieinhalb-Zimmer-Wohnung, die Frau Numrich meinem Vater zur Miete anbot. Die Wohnung war trotz der Lage nicht gerade günstig und wir hatten nicht viel

Geld, nur das, was meine Eltern aus dem Erlös ihres Haus-und-Hof-Verkaufs vor der Migration übrig hatten, aber genug, um die ersten paar Mieten und die Kaution zahlen zu können, bis mein Vater seinen ersten Lohn bekommen würde.

Ich liebte diese Wohnung, obwohl man Tag und Nacht die Züge und nachts die ständig aufeinanderprallenden Billardkugeln der Billard spielenden und grölenden Gäste unter meinem Zimmer hörte. Dafür lag die Wohnung am Dorfrand in der Nähe von Feldern und Wiesen. Außerdem mochte ich Frau Numrich. Sie war schon alt in meinen achtjährigen Augen, fast zierlich und kleiner als meine Mutter. Sie lief zwar immer etwas gebeugt, dennoch trug sie ihren Kopf mit den funkelnden graublauen Augen und die stets wie frisch vom Frisör hochgeföhnten Haare sehr stolz. Immer hatte sie ein zart angedeutetes Lächeln auf den Lippen, und wenn sie lachte, wirkte sie, obwohl sie viel mehr Fältchen bekam, als sie eigentlich hatte, so jung wie meine Mutter. Aufgrund ihrer Selbstsicherheit, die sie ausstrahlte, und dem weißen Kittel, den sie tagtäglich trug, dachte ich zuerst, sie sei Krankenschwester, die sie auch irgendwie war ...

An den Wochenenden nahmen mein Bruder und ich ständig mit unseren Fahrrädern Reißaus in die umliegenden Felder. Alles war Neuland für uns. Die Fahrräder schenkte uns Frau Numrich. An den Bahnhofsgebäudekomplex war noch eine Fahrradhalle angebaut, die ebenfalls Frau Numrich gehörte und in der sie seit ihrer Kindheit arbeitete. Man konnte dort unter ihrer Aufsicht sein Fahrrad den ganzen Tag für 50 Pfennig oder für 2 Mark für eine ganze Woche unterstellen, solange man auf der Arbeit war, auf die man mit dem Zug fuhr. Jeder bekam eine Nummer, die seinem Fahrrad einen festen Platz zuwies. Über die Jahre haben viele ihre

Fahrräder dort stehen und verkommen lassen und sie nie wieder abgeholt. Unter der Bedingung, dass mein Vater die Räder wieder straßenverkehrstauglich machte, durften wir die verlassenen Fahrräder haben. Das nötige Werkzeug zur Reparatur stellte ihm Frau Numrich zur Verfügung. Solche Dinge hatte sie für alle stets griffbereit in ihrem Fahrradhallenwärterhäuschen.

Ich hatte gerade erst Fahrradfahren gelernt und war vom Arbeitsplatz Frau Numrichs fasziniert. Ganze Nachmittage verbrachte ich bei ihr. Meistens kam ich direkt nach der Schule zu ihr ins gemütliche Wärterhäuschen, machte dort meine Hausaufgaben, beobachtete das unverständliche Treiben und fragte Frau Numrich Löcher in den Bauch: Woher kommen all diese Menschen und wohin gehen sie? Woher kannte sie all ihre Namen? Warum stellten die Menschen ihre Fahrräder bei ihr ab, wenn sie sie auch draußen kostenlos abstellen konnten? Und woher wusste sie auch ohne Standnummer, wem welches Fahrrad gehörte? Wieso fegte sie jeden Tag, obwohl es hier so windig war? War ihr in ihrem Wärterhäuschen nicht langweilig? Warum hörte Sepp, der Boxer, auf sie, aber nicht auf mich? Wieso unternahm sie nichts mit ihrer Tochter oder Enkelin? Und weshalb aß sie immer allein?

Sie lachte immer und sagte: »Ach, Kathrin! Du hast zu viele Fragen! Du musst lernen zu warten, zu beobachten und eigene Antworten zu finden. Hier hast du 5 Mark. Heute ist Dienstag. Hol dir die *Mickey Mouse*, die du so gerne liest, und für mich ein großes Glas Buttermilch und ein Laib Brot, aber das gute weiße. Ich koche uns in der Zwischenzeit Salzkartoffeln und nach dem Essen kontrollieren wir zusammen die Fahrräder.« Es gefiel mir, wie Frau Numrich mit mir sprach. Sie behandelte mich wie eine Erwachsene. Auch schien ihr mein Akzent nichts auszumachen, im Gegensatz zu meinen Lehrern und Mitschülern. Sie gab mir Aufgaben und belohnte mich, ohne mich zu kontrollieren, und sie erzählte mir viele Dinge, die ich nicht wusste – nicht wissen konnte – über das Land, die Leute und über sich. Sie wusste einfach alles: Wann man die Straße kehrte und wann man die Mülltonnen rausschieben musste, dass man Müll trennen musste und nachts die Rollläden runtermachte. Frau Numrich wusste eben, was sich gehörte. Sie musste in meinem Alter ein tolles Mädchen gewesen sein und viele Freunde gehabt haben.

Sie wusste auch alles über Fahrräder: Welche Arten es gab und dass es Unterschiede zwischen Damen- und Herrenrad gab. Es gab auch Kinderfahrräder, aber die seien neu. Außerdem brauchten die Fahrräder verschiedene Lichter und Reflektoren: Vorne weißes Licht, hinten rotes Licht und einen roten Reflektor. Und dann kamen noch orangefarbene in die Speichen. Mindestens eine Bremse brauchte jedes Fahrrad, aber die meisten hatten zwei. Am besten fand ich die Fahrräder mit Gängen. Die meisten Fahrräder hatten drei Gänge. Aber Philipp, der zur Schule immer in die Stadt fuhr, weil er dort auf der Schule Latein lernen konnte, hatte ein rotes Mountainbike. Sein Fahrrad hatte 18 Gänge! So ein Fahrrad wollte ich auch einmal haben.

Frau Numrich schwärmte immer von Philipp: Er sei ein so intelligenter Junge und hatte Manieren, was auch immer das bedeuten mochte. Aber er grüßte Frau Numrich immer und fragte sie jeden Tag, wie es ihr gehe. Nie verspätete er sich mit den Zahlungen. Frau Numrich sagte immer: »Kathrin, du musst fleißig lernen, damit du gute Noten in der Schule hast und wie Philipp mal aufs Gymnasium gehen kannst. Philipp geht auf das beste Gymnasium weit und breit. Dort lernt man Latein.« Ich verstand mit meinen acht Jahren nicht alles.

Was ich aber verstand, war: Wenn ich lernte, kam ich auf eine gute Schule, wo die Schüler Mountainbikes mit 18 Gängen fuhren und eine Sprache lernten, von der ich noch nie etwas gehört hatte, aber sie sei der »Schlüssel zu allen anderen Sprachen«. Also wollte ich wie Philipp aufs Gymnasium gehen und Latein lernen.

Ich hatte eine tolle Kindheit bei Frau Numrich! Sie brachte mir alles bei, was sie wusste, und ich erzählte ihr alle echten und erfundenen Geschichten aus meinem Grundschulalltag und aus dem Land, aus dem ich gekommen war. Wir lachten viel zusammen. Unter der Woche kaufte ich oft Kleinigkeiten wie Brot, Butter und Buttermilch für sie, dafür bekam ich einmal die Woche eine Mark fünfzig, um mir die *Mickey Mouse* zu kaufen. Und manchmal am Wochenende fuhr mein Vater ihren alten BMW aus der Garage und wir fuhren zu dritt in die große Stadt zum Einkaufen. Sie zeigte uns riesige Geschäfte, in denen es alles zu geben schien, von Lebensmitteln bis hin zu Kleidung und Schuhen. Ich lud Frau Numrich auch zu meinen Kindergeburtstagen ein und sie brachte mir immer ein neues Kleid aus diesen Großstadtläden als Geschenk mit. Das waren die schönsten Kleider in meinem Schrank.

Als ich anfing, Klavierstunden in der Musikschule zu nehmen, durfte ich auf Frau Numrichs Flügel üben. Meine Eltern hatten kein Geld für ein Klavier. Ich war ihr sehr dankbar, auch wenn es manchmal etwas unheimlich in dem Flügelzimmer war: Der Raum war riesig und überall standen uralte Möbel in weiße Bettlaken gehüllt. Die Rollläden waren stets bis fast nach unten heruntergelassen, gerade so, dass ich die Noten lesen konnte. Von der Stuckdecke hingen große Kristalllüster herab, die leicht klirrten, wenn draußen die Güterwaggons vorbeifuhren. Im Zentrum stand der Flügel und auf einer der nicht abgedeckten Kommoden standen weiße Porzellanfiguren und Schwarzweißfotografien in Silberrahmen von Menschen, die ich nicht kannte. Von einer Person wusste ich, wer sie war: Es war ihr vor vielen Jahren verstorbener Mann. Seitdem hatte sie in diesem Zimmer die Rollläden nicht mehr hochgezogen. Ob sie sie hochzog, wenn Besuch kam? Sie kam niemals mit, wenn ich auf dem Flügel spielte, nur das erste Mal, als sie mir den Flügel zeigte. Während ich spielte, bereitete sie uns meistens Butterbrote mit Salz vor. Nirgends schmeckten sie besser als bei Frau Numrich.

Irgendwann fanden meine Eltern eine günstigere Wohnung und wir zogen zum großen Bedauern von Frau Numrich aus. Ich besuchte Frau Numrich weiterhin jede Woche. Ich war inzwischen auf dem Gymnasium, auf dem man Latein lernte, und begriff schon bald, dass nicht jeder Schüler dort ein Mountainbike wie Philipp fuhr. Mein Fahrrad durfte ich bei Frau Numrich gleich gegenüber ihrem Wärterhäuschen kostenlos unterstellen. Immer leuchtete ihr Gesicht, wenn ich am frühen Nachmittag kam, und nie war sie woanders als am Eingang der Fahrradhalle. Manchmal steckte sie mir 10 oder 20 Mark zu, was ich immer ablehnte, aber sie blieb hartnäckig und sagte mir, ich solle mir was Schönes davon kaufen, vielleicht ein *Mickey Mouse*-Heft oder »was zum Schneege«. Ich solle nur nicht zu viel sparen. Das Geld könnte plötzlich seinen Wert verlieren, aber die Freude, die einem etwas selbst für einen kurzen Moment bereitet, bleibe.

Dann zogen wir wieder um: in die Stadt, in der meine Schule war. Ich fuhr nicht mehr mit dem Zug zur Schule und stellte demnach auch mein Fahrrad nicht mehr in Frau Numrichs Fahrradhalle ab. Jetzt musste ich zu Frau Numrich immer extra ins Dorf fahren. Meine Besuche wurden seltener, denn die Hausaufgaben wurden schwieriger und endlich hatte ich Freunde, die ich mir so lange gewünscht hatte, mit denen ich am Nachmittag was unternahm. Manchmal kam ich nur noch einmal im Monat bei Frau Numrich vorbei. Ich rief sie vorher an und sie nahm immer nach dem ersten Klingelzeichen ab. Sie freute sich jedes Mal so sehr wie früher, als sie am Eingang der Fahrradhalle auf mich wartete. Nie sagte sie ab, immer durfte ich kommen. Und wenn ich dann kam, spielte ich zuerst auf ihrem Flügel, während sie uns wie früher Butterbrote schmierte. Danach aßen wir sie gemeinsam und ich erzählte ihr von meinen neuen Freunden, wie schwierig Latein war und wie oft ich jetzt Philipp sah. Und ich bekam immer noch Geld für die *Mickey Mouse* von ihr ...

... bis eines Tages meine inzwischen beste Freundin sagte, dass ich doch zu Frau Numrich gehen solle, wenn ich Geld bräuchte. Es ging um einen Schwimmbadbesuch und ich hatte mein Taschengeld für den Monat verbraucht. Meine Freundin wusste von den Besuchen bei Frau Numrich und auch von dem Geld. Aber sie verstand nicht, wieso ich eine alte Frau in einer Fahrradhalle besuchte, die nicht meine Oma war, sondern nur eine Vermieterin der vorletzten Wohnung meiner Eltern. Was sie verstand, war, dass ich zu einer Fremden ging und Geld bekam, wenn ich sie besuchte. Das ärgerte mich und ich widersprach meiner Freundin, versuchte mich ihr zu erklären. Sie lachte nur und glaubte nichts. Ich wollte meiner Freundin beweisen, dass ich nicht wegen des Geldes Frau Numrich besuchte, und dazu gab es nur die eine Möglichkeit, nämlich zu Frau Numrich gar nicht mehr zu gehen.

Zunächst vermisste ich Frau Numrich, die Gespräche mit ihr, unsere gemeinsamen Lachsalven, die Art, wie sie mir alles erklärte, ihre Butterbrote und die Salzkartoffeln, die wir zusammen aßen. Nach und nach wurden andere Dinge wichtiger wie die gefährlich schlechte Note in Latein, die erste Liebe, die vielen Freunde, Ärger mit meinen Eltern über meine Ausgehzeiten. Ich dachte nur noch selten an Frau Numrich, zum Beispiel an meinem Geburtstag, wenn sie anrief, mir gratulierte und mich fragte, wann ich denn wieder käme; ich könne jederzeit kommen. Sie warte immer auf meinen Besuch. Und ich sagte »bald« und wusste, dass ich doch nicht kommen würde, weil ich Angst vor dem Geld hatte. Irgendwann rief sie nicht mehr an und ich vergaß Frau Numrich – bis eines Tages meine Mutter mir die Todesanzeige von Frau Numrich brachte. Sie war einfach gestorben. Frau Numrich war unsere erste Vermieterin, aber sie war auch meine erste und beste Freundin, nur verstand ich das zu spät.

GISELA HÜBNER

geduld

meine gestapelten puppenstuben
malerisch doch etwas engbequem
bewohne ich die vertikale
zwischen begrabenem kinderkram
eingestaubten museumsstücken
überquellenden bücherregalen
kaum merklicher pulsschlag

kein lufthauch berührt die
meisterlichen aquarelle
die werfen schatten erhellen
die wände doch nicht mein gesicht

bei gelegentlicher atemnot
öffne ich die putzigen fensterchen
dieses adventskalenders schaue
auf meinen efeu-zeitpegel
der mir anzeigt die vielen jahre
in dieser festen burg in einem
jahr wird er das dach erreichen
zuende die zeit der geduld?

Albert H. Keil

Blauer Hibiskus

Das Foto: Im leichten Sommerkleid stand sie vor dem blauen Hibiskus, als ich das erste Bild von ihr knipste. Eine Viertelstunde hatte ich auf sie warten müssen, nun war sie endlich da. Im Stadtpark waren wir verabredet gewesen, drei oder vier Wochen, nachdem wir uns kennengelernt hatten. Die blaue Blüte, die so perfekt mit dem Muster ihres Kleides harmonierte, hatte ich an einem der Hibiskuszweige abgezupft und ihr ins Haar gesteckt, ehe ich sie bat, sich unter den Strauch zu stellen. Die Polaroid-Kamera für 89 Mark war damals mein ganzer Stolz, das Fünf-Minuten-Foto noch eine technische Sensation. Irmas Haare kitzelten zart meine Wange, als wir uns, die Sonne im Rücken, gemeinsam über das Bild beugten und darauf warteten, dass die Farben im Licht langsam nachdunkelten. Wir lachten über das vom Wind hochgewehte Kleid, und die körperliche Nähe war der Auslöser für unseren ersten Kuss.

Das Foto trug ich seither sorgsam verwahrt bei mir, obwohl Irmas Bild stets auch in meinem Herzen war. Zwei Jahre später heirateten wir, während wir unser Haus bauten. Beim Einzug war Irma gerade mit unserem Sohn schwanger. Als er geboren wurde, pflanzte ich im noch kahlen Garten – nein, keinen Apfelbaum, sondern einen 80 Zentimeter großen blauen Hibiskus. Nach zwei Jahren war er schon so hoch gewachsen, dass wir eine hölzerne Bank darunterstellen konnten. Hier saßen Irma und ich an lauen Sommerabenden, warteten, bis Max sich müde gespielt hatte, und amüsierten uns über seine lautlichen Äußerungen. Wenn er zu Bett gebracht war, setzten wir uns oft noch einmal hin und blieben meist sitzen, bis im Nordwesten die Sonne hinter die Rebenhügel hinunterglitt, mal kräftig orangegelb, mal verwaschen rosarot. Dunkle Wolken versuchten wir zu ignorieren, flüchteten erst ins Haus, wenn dickere Tropfen fielen. Es war genügend Zeit zum allabendlichen Ausspannen zwischen Ende Juni und Ende September, wenn der blaue Hibiskus blühte.

Als Irma über Müdigkeit zu klagen begann und sich schließlich immer schwächer fühlte, änderte sich schleichend unser Tagesablauf; am Ende wurde unser Leben total umgekrempelt. Selbstverständlich waren die Schulnoten von Max noch wichtig, in Atem hielten uns allerdings Irmas Besuche bei Ärzten und in Kliniken, und wir redeten hauptsächlich über Bestrahlungen, warteten auf den Erfolg unterstützender Diäten und alternativer Therapien. Wie ich die Monate nach der Beerdigung geschafft habe, vermag ich heute nicht mehr zu sagen. Ich glaube, ich hätte Schluss gemacht, wenn ich mich nicht hätte um Max kümmern müssen. Die frappierende Ähnlichkeit des Jungen mit seiner Mutter fiel mir beim Vergleich mit dem alten Foto, das jetzt auf meinem Nachttisch stand, wieder und wieder ins Auge. Neben dem hellgrauen Grabstein hatte ich einen blauen Hibiskus gepflanzt. Ein Farbtupfer neben all dem dunklen Grün auf dem Friedhof. Dort hielt ich mit Irma Zwiesprache, wenn es um die Noten von Max in der Schule ging oder seine Mädchenbekanntschaften, und erzählte mit ihr, als er Abitur machte und danach zum Studium das Haus verließ.

Während Irmas Bild in meinem Herzen lebendig und bunt weiterlebte, verblasste das Foto auf meinem Nachttisch im Lauf der Jahrzehnte. Deshalb war ich Max dankbar, als er es, wie er sagte, »einscannte« und auf dem Computer die Farben auffrischte; ich selbst verstehe ja von dem neumodischen Kram viel zu wenig. Ein Hochglanz-Ausdruck, größer als das Original, kam unter Glas, und das ursprüngliche Bild wanderte in die Schublade. Zwar dauerte es eine Weile, bis ich mich an die kräftigeren Farben gewöhnt hatte, doch sie hatten den Vorteil, dass sie meinem Sehvermögen, das mehr und mehr nachließ, etwas auf die Sprünge halfen.

Seit einigen Monaten sitze ich im Rollstuhl und warte – auf irgendetwas. Haus samt Garten habe ich verkauft, da Max mit seiner Frau 400 Kilometer entfernt lebt und dort mittlerweile ein Eigenheim besitzt. Auf meinem Nachttisch im Pflegeheim steht das Foto, das neue, von Irma mit der blauen Hibiskusblüte im Haar. Daneben aber gibt es noch ein zweites Bild. Es zeigt Nadine, meine dreijährige Enkelin, im Garten ihrer Eltern. In einem hellen Leinenkleidchen sitzt sie strahlend unter dem blauen Hibiskus, den ich für sie gepflanzt habe, kurz bevor ich meinen Schlaganfall erlitt.

REINER KRANZ

grab

verzeih
die steine
die vielen
toten steine

nimm die
flechten anstatt
die an
den bäumen
über dir

weich sind sie
sehen das licht

das geht mir
durch denk kopf
zerre ich unkraut
aus dem kiesel

hole fast
vergessenes
zurück
alles

außer dir

Katharina Mattich

Schon möglich

Feuchter Atem
stößt der Morgen aus
unter dem Wolkendach
dösen düstere Gedanken
und
trübe Augen schauen
der Zeit voraus
sehen das Danach
aus dem Nebel steigen
Durch geöffnete Tore
strömen Verirrte
suchen nach Worten die
in den Staub geschrieben
vielleicht
liest sie jemand wenn
der Wind lange genug wartet
und sie nicht verweht

Peter Reuter

Das Ankommen ...

Das Telefonat aus dem Krankenhaus erreichte ihn nicht überraschend. Auf der kleinen Bank – der ihren und deshalb besonderen – neben dem Teich im Garten saß er in sich versunken. Sie war ebenfalls da, und sie unterhielten sich. »Kommen Sie schnell, der Doktor meint, es sei sehr eilig«, die Stimme der Schwester etwas hektisch und ängstlich und jung. Er wusste doch vorher schon um die Dringlichkeit, machte sich auf den Weg und war sicher, sie würde auf ihn warten. Sie hatten immer aufeinander gewartet. Seit vielen Jahren warteten sie aufeinander. Immer noch war nicht alles gesagt. Immer noch war nicht alles gefühlt. Und so fuhr er dem Ankommen und dem Umarmen entgegen. Der Weg durch die Halle zum Fahrstuhl und in die Abteilung, für ihn war er lang und beschwerlich. Aber sie wartete ja auf ihn – und er auf sie.

Müde war es, das Gesicht des Arztes, und überarbeitet. Die vorherige Farbe seiner Augen war unter einem geschwollenen Rot nicht zu erkennen: »Es tut mir leid, aber – Sie sind zu spät. Sie ist gegangen.« Seine Liebe lag und lächelte und war schön und ihre geschlossenen Augen verrieten ihm, dass sie an ihn dachte. Dankbar küsste er sie auf den Mund, streichelte ihr Gesicht und sagte ihr, dass er sie liebe. Leise lächelnd, wie es eben ihre Art war, antwortete sie ihm mit eben diesen Worten. Auf die Frage des verstehenden Arztes, ob er etwas für ihn tun könne, schüttelte er nur dankend den Kopf. Der Arzt nickte ihm zu, als er die Klinik verließ. Es war mehr als Zeit für den Heimweg, Zeit für seine Liebe, Zeit für den See, Zeit für die Bank. Sie würde auf ihn warten, sie würden sich umarmen. So vieles war noch zu erzählen.

Karin Ruppert

Ria selbdritt

Warten. Warten, bis der Name aufgerufen wird.

Ria wartet. Sie nimmt die Lesemappe zur Hand, legt sie wieder weg, wählt eine andere, »Zuhause wohnen«, blättert. Abbildung eines üppig mit Seidenschleifen dekorierten Tischs, edle, hochstielige Gläser, zu dreien gruppiert, auf dem Teller eiförmige Moussebällchen in einer roten, mit weißen Sahnestraßen kunstvoll zum Stern ausgezogenen Fruchtsoßenpfütze. Passend die Tulpen in der cremefarbenen Vase dahinter, weißgerandet, im gleichen Rot. Ria seufzt. Sie sieht den nackten weißen Küchentisch vor sich, die plumpen Teller voller Krümel und Pfützen von Ketchup, die Schachtel mit den Pizza-Resten. Warum kocht Marion nicht selbst, jetzt, da sie Urlaub hat?

»Sie können jetzt kommen!« sagt die Schwester.

Ria verschwindet im grünen Kittel und einer Art Badehaube. Die Schwester führt sie den Gang entlang, vorbei an der Fensterreihe mit herabgelassenen Jalousien bis ans Ende, wo das Fenster den Blick freigibt auf das weiße Bett und die Monitore und Maschinen dahinter.

Ria tritt scheu an das Bett der fremden, alterslosen Frau, die einmal ihr Kind war. Keine Ähnlichkeit mit der siebenjährigen Marion mit Schultüte, im frechen Hosenanzug, das honigfarbige Haar in Form geföhnt. Auch nicht mit der Fünfzehnjährigen auf der Bühne im schwarzen Chiffonkleid, ihr Solo schmetternd, umjubelt, beklatscht, dass Rias Hände brennen. Das ist eine gleichaltrige, fremde Frau. Nichts zu spüren von allem, was sie gemeinsam haben. Ria beugt sich über die Hand ohne Kanüle und streichelt sie mit dem Zeigefinger. Marion öffnet langsam die Augen, nur einen Spalt, öffnet die Lippen, nur zum Spalt, gespannt über den Zähnen: »Geh weg!«

Ria wartet wieder. Der Kaiserschnitt ist ohne Komplikationen verlaufen, sagt der Arzt. Marion wird sich schnell erholen. Das Kind lebt, noch. Mit Behinderung wird zu rechnen sein. Ria, aufschluchzend, spürt den stützenden Arm der Schwester im Rücken, und, blind tastend, ein Papiertaschentuch in ihrer Hand. Sie will es nicht sehen, das Unglückskind. Der Mann, Marions Freund, wollte es gleich nicht haben. Wollte noch kein Kind jetzt, wenn überhaupt. »Die Verantwortung ist mir zu groß«, hieß es. Sich von Marion aushalten zu lassen, dazu hat sein Verantwortungsgefühl gereicht. Allenfalls zum Bäcker gehen und Brötchen holen, bevor Marion vom Büro heimkommt, das hat er gerade noch fertiggebracht. Kein Stück Geschirr gespült, nichts gekocht. »Ich muss lernen für die Prüfung«, hieß es. Auf dem Sofa liegen und den Wirtschaftsteil der Zeitung lesen – das war's dann. Immerhin, gut sah er aus. Da konnte man auch auf ein gut aussehendes Kind hoffen. Und dann das Ultraschallbild: Der Kopf wächst zu schnell, das Kind selbst nicht. Streit unter den jungen Leuten. Streit mit Ria. Diskussionen. »Du bist noch jung genug,« sagt sie, »du kannst später noch gesunde Kinder haben.« Der Mann geht. Ein behindertes Kind – das schafft er nicht. In der heutigen Zeit ein behindertes Kind in die Welt setzen, findet er erst recht verantwortungslos.

»Kommen Sie!«, sagt die Schwester und führt Ria an der Hand durch die Gänge.

»Wie soll es denn heißen, das kleine Mädchen?« Ria schluckt. »Dorothee«, hatte Marion ausgesucht. Empörend findet Ria den Namen für eine Missgeburt. Soll sie sagen, sie wüsste es nicht? Das wäre doch auch eine Schande. »Dorothee«, flüstert sie widerstrebend. Wieder wird ihr der knisternde Leinenkittel übergestreift, die Haube gereicht. »Kommen Sie, setzen Sie sich!«

Ria unterdrückt das Weinen, sie macht die Augen fest zu und den Mund auch. Sie spürt die Hand der Schwester am rechten Handgelenk, spürt, wie sie ihr den Arm leicht nach vorne zieht, über die Knie, die Innenseite streichelnd zur Mulde biegt. Dann spürt Ria ein trockenes Tuch und etwas ganz Leichtgewichtiges, Winziges darin, und sie macht die Augen auf.

Ein kleines Mondgesicht. Ein winziges, rundes Stumpfnäschen. Ganz zarte, bläuliche Lider, von dunklen Wimpern gesäumt. In einer flüchtigen Vision sieht sich Ria wieder als junge Mutter mit der neugeborenen Marion im Arm, und dann, unausweichlich, die Erinnerung an die Szene in der schmutzigen Küche, in der sie ihrer Tochter gegenüber sitzt und sie anschreit:

»Das ist doch dann nur ein Stück Fleisch!«

Ria wird ganz still. Sie betrachtet das Kind, die zarten, schütteren Härchen, die blasse, glatte Haut. Der Ärmel des Puppen-Jäckchens ragt über die Finger des Kindes. Vorsichtig streift Ria den Aufschlag zurück und sieht in ihrer runzligen, von Altersflecken übersäten Hand mit den dunkelroten, ovalen Nägeln die wohlgeformte blasse Hand des Säuglings.

Ria strafft sich. Sie muss einen Weg zurück finden, bis vor diesen Augenblick in der Küche. Es wird lange dauern, aber sie wird sich mit Geduld wappnen.

Ria wird warten.

Traudel Scheurlen

Heidelberg, du feine

Mit der Straßenbahn am Bismarckplatz angekommen, schlägt sie zielstrebig den Weg zur Theodor-Heuss-Brücke ein. An der ersten Aussichtsplattform auf der Brücke bleibt sie stehen und sieht zur Altstadt hinüber, die noch in morgendlichem Dunst liegt. Das Schloss ist eher zu erahnen als zu erkennen.

Beim Blick nach unten auf die grau glänzende Wasseroberfläche beobachtet sie, wie sich die Strömung an den Brückenpfeilern bricht. Hier von der Brücke zu springen, wäre keine gute Idee. Für Schwimmer soll es überhaupt schwierig sein, sich zu ertränken. Womöglich träfe sie auf Ausläufer der Pfeiler unter der Wasseroberfläche auf und bräche sich vor dem Ertrinken die Beine. Kein schöner Tod! Von der Tatsache mal ganz abgesehen, dass eine Wasserleiche keinen ästhetischen Anblick bietet. Sie würde wohl kaum ausschauen wie Rimbauds Ophélie.

Eilig steuert sie die Treppe hinunter die Neckarwiese an, ungeduldig, irgendwo noch eine freie Bank zu finden, wo sie ganz für sich sitzen könnte. Sie will aufs Wasser blicken, auf den *Jüngling, den Strom, wo er vorbei dir glänzt*. Unwillkürlich drängt sich Hölderlins Ode ins Bewusstsein. Ist sie nicht auch vor Jahrzehnten von hier *fort in die Ebene* gezogen, ebenfalls *traurigfroh*?

Obwohl sie in dieser Stadt kaum noch jemanden kennt, ist Heidelberg der Ort, an dem sie sich am meisten zu Hause fühlt: *Möchte dich, mir zur Lust, Mutter nennen.*

Hier hat sie als junge Frau gelebt. Damals standen ihr noch alle Türen offen. Traumtänzerisch treu-doof hat sie sich jedoch seitdem immer wieder in der Tür geirrt.

Heute ist sie hierher zurückgekehrt, um endlich weinen zu können. Einfach nur weinen ...

Die Sonne hat den Dunst auf dieser Neckarseite bereits aufgelöst. Auf den meisten Bänken machen es sich fremde Menschen bequem, um die ersten Sonnenstrahlen nach einem langen, trüben Winter zu genießen.

Sie findet eine freie Bank und setzt sich, nicht in die Mitte, sondern ganz auf eine Seite. Hier wird sie beobachten, wie die Konturen *der Vaterlandsstädte ländlich Schönsten* langsam aus dem Dunst hervortreten.

Hier wird sie den Tränen freien Lauf lassen, abgeschirmt durch die herrschende Geräuschkulisse des Verkehrs, das ungeduldige Klingeln der Straßenbahnen auf der Brücke, die Hupkonzerte der Autokorsos, die jetzt nach und nach eintreffen, beladen mit lachenden, befreit kreischenden jungen Leuten – offensichtlich Abiturienten – die auf der Neckarwiese ihr soeben bestandenes Abitur feiern wollen.

Die Passanten auf dem stark frequentierten engen Pfad, der direkt an der Bank vorbei führt, müssen ihren übereinander geschlagenen Beinen ausweichen, wenn sie zu zweit nebeneinanderher gehen. Ihre Beine bilden nur ein unbedeutendes Hindernis. Die Vorbeigehenden setzen alle ihren Weg unbeirrt fort. Sie selbst bleibt unsichtbar.

Weinend sitzt sie mitten in dieser Kulisse prallen Lebens. Sie hat – wie so viele Frauen ihrer Generation – auf der Bühne ihres Lebens die Hauptrollen bereitwillig anderen überlassen, sich mit der Rolle einer Statistin und Souffleuse zufrieden gegeben. Zum Mitspielen ist es jetzt zu spät! Jetzt spielt sie keine Rolle mehr: *Die*

Lücke, die ich hinterlasse, wird mich ersetzen! Dieser sarkastische Aphorismus hat sie schon in jüngeren Jahren begleitet.

Wenn sie glauben könnte an Gott – oder wie auch immer man eine transzendente Macht bezeichnen möchte – dann hätte sie vielleicht noch Vertrauen in eine Zukunft. Aber sie kann weder glauben, dass ihre Existenz gewollt ist, noch dass ihr Dasein einen verborgenen Sinn haben könnte.

Sie blickt hinüber auf die Altstadt, wo Ludwig Feuerbach schon vor hundertfünfzig Jahren sinngemäss lehrte: Ich stehe und falle durch eigene Kraft, nicht mit der eines allmächtigen, alles absichtlich vorausbestimmenden Gottes.

Ihre eigene Kraft ist im Begriff, sie endgültig zu verlassen.

Die Tränen fliessen jetzt, sie fliessen reichlich.

Sie wünschte, sie könnte sich hier und jetzt einfach in Tränen auflösen, wie die Redensart suggeriert. Warum kann sie sich nicht ganz unspektakulär verflüssigen und wegfliessen als Bächlein über die Wiese hinunter zum Fluss, sich in ihm verlieren und weggetragen werden?

Als sie mit den Augen dem imaginären Lauf des Bächleins folgt, nimmt sie verschwommen einen jungen Mann wahr, der sein Fahrrad in geringer Entfernung vor ihr auf der Wiese ablegt.

Sie spielt die realen Möglichkeiten, sich vom Leben zum Tod zu befördern, für sich durch:

– Ein Schritt über die Bahnsteigkante, wenn der Zug einfährt? Wäre einfach, aber

eine Zumutung für die Umstehenden, die den Aufprall mitansehen müssten. Auch bestünde keine Garantie, dass sie tödlich verletzt würde. Notdürftig zusammengeflickt werden und als Krüppel dahinvegetieren müssen? Ein Schrecken ohne Ende!

Auf freier Strecke gäbe es bei den Geschwindigkeiten der Züge eine Riesensauerei! Man müsste ihre unappetitlichen Reste von den Gleisen kratzen. Ganz zu schweigen von dem Schock, den sie dem unschuldigen Zugführer versetzen würde.

– Eine Packung Paracetamol schlucken vielleicht?

Es soll Tage dauern, bis sich die Leber so zersetzt hat, dass man stirbt. Wenn sie ihren Schritt während dieser Zeitspanne doch noch bereute, gäbe es keine Rettung mehr. Der qualvolle Zersetzungsprozess wäre unaufhaltsam. Nein. Sie wünscht sich einen schnellen, schmerzlosen Tod!

– Selbstverbrennung? Ein flammendes Fanal setzen: Was ist das für Welt, in der Frauen höheren Alters als gesellschaftlicher Restmüll betrachtet werden; es sei denn, ihre soziale Kompetenz ließe sich noch für nützliche »Ehrenämter« recyceln?

Verbrennen bei lebendigem Leib? Wohl kaum schmerzfrei! Was das Fanal anbelangt, bestünde außerdem die Gefahr, dass der Schuss nach hinten losginge. Ihr Freitod könnte verständnisloses Achselzucken auslösen oder zynischerweise Befriedigung darüber, dass sich eine der kostspieligen Alten glücklicherweise selbst entsorgt hat.

Unter dem Tränenschleier nimmt sie wahr, dass der junge Mann auf der Wiese steht und mit mehreren kleinen Bällen jongliert. Er wirft sie mit der einen Hand hintereinander in die Luft, um sie mit der anderen aufzufangen und wieder an die Wurfhand weiterzugeben. Er schafft höchstens ein bis zwei Runden, bis Bälle zu Boden fallen. Die hebt er auf und beginnt das Spiel von Neuem.

Sie sitzt da und weint. Ganz wie erwartet, scheint niemand Notiz von ihr zu nehmen. Gab es etwa doch insgeheim Hoffnung, es könnte sich jemand neben sie setzen und nach dem Grund für ihre Tränen fragen? – So etwas passiert nur in Filmen oder in Romanen. Im wirklichen Leben treibt man mit seiner Verzweiflung in einem Meer von Gleichgültigkeit.

Sie ist gescheitert an der Aufgabe, sich die nötige Aufmerksamkeit ihrer sozialen Umgebung zu verschaffen. Für dieses Versagen, für ihren Selbstbetrug, kann sie nur sich selbst verantwortlich machen. Immer wieder hat sie sich – naiv und unbelehrbar – blenden und benutzen lassen. Sie wollte es nicht wahrhaben, wenn Menschen ihrer engsten Umgebung ihr Vertrauen missbrauchten. Sie hat sich lieber was vorgemacht und ist schließlich aus allen Wolken gefallen.

Der junge Mann steht in geringer Entfernung vor ihrer Bank und jongliert mit drei Bällen. Das gelingt ihm ganz gut. Als er merkt, dass sie zuschaut, versucht er schwierigere Kunststückchen: einen Ball unter dem gebeugten Knie durchzuwerfen. Hoppla! Die Bälle fallen. Er hebt sie auf und beginnt von Neuem. Wieder ein Misserfolg! Aber er ist unermüdlich. Warum verausgabt er sich so sehr an einer ziemlich sinnfreien Tätigkeit? Will er etwa anschließend bei den Zuschauern sammeln gehen?

Sie betrachtet ihn genauer: etwa dreißig Jahre alt, unauffällig gekleidet, kurze schwarze Haare, ein gepflegter Kinnbart. Wie ein Weltenbummler, der sich mit artistischen Darbietungen durchschlagen will, sieht er eher nicht aus. Die anderen Bänke haben sich geleert, vermutlich wegen der lärmenden, bierseligen Abiturienten. Die sind ausschließlich mit lautstarkem Feiern beschäftigt und würdigen den Jongleur keines Blickes. Außer ihr selbst scheint niemand von dessen fragwürdigen Künsten Notiz zu nehmen.

Gerade trainiert er mit vier Bällen. Mit mäßigem Erfolg! Sie erinnert sich, dass sie als Kind mit zwei Bällen ganz gut war, es aber mit dreien nie richtig geschafft hat. Es fehlte ihr an der notwendigen Hartnäckigkeit.

Bewundernswert, diese unglaubliche Frustrationstoleranz des jungen Mannes, wie er sich wieder und wieder nach den Bällen bückt und von Neuem beginnt! Dafür hätte er Beifall verdient, nicht so sehr für seine Jonglierkünste. Sie lächelt ihm aufmunternd zu, nicht sicher, ob er das wahrnimmt.

Sie weint nicht mehr. Sie schaut zu, bis er irgendwann die Bälle zu Boden legt. Er blickt zu ihr herüber, macht eine Kopfbewegung, die man als Gruß deuten könnte und setzt sich ins Gras. Aha, Zigarettenpause!

Keine fünf Schritte und sie stünde neben ihm, könnte ihn ansprechen. Doch das erscheint ihr zu aufdringlich. Sie hätte sich vielleicht dazu hinreißen lassen, ihm zu erklären, warum seine Darbietung sie so fasziniert, wenn er neben ihr auf der Bank Platz genommen hätte. Überzeugt, es mit einem Ausländer zu tun zu haben, wäre es ihr leichter gefallen, auf Englisch zu gestehen: »I've been sitting here thinking of how to commit suicide. Watching you, I was so fascinated by your endurance, by your tenacity that I suddenly felt ashamed of my lack of staying power when it comes to go on living my life. Thank you for your demonstration!"

Nein! In welche Verlegenheit würde sie ihn und auch sich bringen!

Nach seiner Pause nimmt der junge Mann sein Training mit unvermindertem Eifer wieder auf. Dankbar lächelt sie ihm zu, bis er schließlich doch die Bälle schwungvoll in seinen Rucksack wirft und sich zur Abfahrt bereit macht.

Vollkommen ernst nickt er noch zu ihr herüber. Sie nickt lächelnd zurück. Er schwingt sich auf sein Fahrrad und fährt über die Wiese in Richtung Altstadt davon.

Sie schaut ihm nach, bis er in der Menge verschwunden ist, und stellt fest, dass das Schloss seine Schleier hat fallen lassen.

Die ewige Sonne goss / ihr verjüngendes Licht über das alternde / Riesenbild, und umher grünte lebendiger / Efeu; freundliche Wälder / rauschten über die Burg herab.

Die zitierten Gedichtverse stammen aus Friedrich Hölderlins Ode „Heidelberg".

ELISABETH SCHUSTER

das ungeheuerliche

ein monster ist
erwacht
erwählt
ermächtigt
jenseits des großen meers
im sonnenuntergang

obszönes maul
spritzt zwitschernd schleim
furchtbar vergiftend
ins lodernde global

lockt an verwandtes
überall
aus finsteren tiefen
schon gurgelts nebenan
herauf
parolen
kaum verhallt
geruch
verbrannten fleisches
und geistes
steigt mit auf

ich sitze da
wie festgebannt
im hinteren rang
schau aufs geschehn
das
schicht um schicht
gelüftet
geschichtet
verdichtet

geschichte
wohl bekannt

und warte atemlos
wie lange noch?
worauf?

noch stehn die sonntagsredner
stolz auf ihren posten
aus ihren kehlen
wirkentleerte Hülsen
zerstieben
im gedrehten wind

Rosi Weissbach

Während ich warte

Schon nach acht. Wo die Schwester wieder bleibt? Das geht jetzt schon die ganze Woche so. – Dreht der Zeiger auf der Nachttischuhr seine Runden langsamer als sonst? – Ich muss zur Toilette und das fast zwei Stunden schon!!! Und die Schwester kommt nicht bei. – Wenn ich wenigstens allein aufstehen könnte. Zumindest allein in den Rollstuhl. – Sicher kommt die Schwester gleich. – War das eben ihr Schlüssel im Schloss? – Nein, nicht. Nur ein Gerät in der Küche. Der Kühlschrank vielleicht.

Geduld war nie meine Stärke. Warten schon gar nicht. Im Laufe meines Lebens habe ich es dann doch gelernt, das Warten. Gezwungenermaßen. Warten lohnt nicht. Das war mein Motto. Warten war für mich Zeitverschwendung. Sofort oder gar nicht! Im Nachhinein betrachtet falsch. Mal falsch, mal richtig. Richtig – falsch. Falsch – richtig.

Es gab Zeiten, da hat sich das Warten gelohnt. An Heiligabend in meiner Kindheit, das war ein Zirkus! Mutter und Vater turnten um den Christbaum herum mit Kugeln und Lametta. Unter dem Baum lagen die Geschenke. Die Wohnzimmertür war bis zur Bescherung abgeschlossen. Mein kleiner Bruder Roland und ich drückten unsere Augen dicht ans Schlüsselloch, wir konnten aber nie was sehen. Die Warterei schien uns unerträglich.

Einmal bekamen wir einen Schlitten geschenkt. Mit dem fuhr Roland auf einen zugefrorenen Teich und brach ein. Bei seiner Beerdigung stand ich lange an seinem Sarg und wartete, dass er die Augen öffnete.

Vielleicht hat mich die Schwester vergessen? – Ich will keine Windeln tragen müssen, nur weil ich bald nicht mehr halten kann.

Windeln. – Alina hat viele gebraucht. Was habe ich auf sie gewartet! Nicht mein erstes, aber mein einziges Kind nach all den Fehlgeburten. – Alina. – Über eine Woche war sie überfällig, der Geburtstermin längst verstrichen. Das Bettchen, die winzigen Jäckchen und die kleinen Strampelanzüge warteten mit mir. Und der Bär. Die fertig gepackte Tasche für das Krankenhaus lehnte im Flur. Tagelang saß ich am Küchentisch, unförmig und schwer. Nicht mal die Schuhe konnte ich allein zubinden. Bei fast allen Verrichtungen musste mir Johannes helfen. Gott, war mir das peinlich. –So wie jetzt.

Ach nein, die Schwestern sind alle nett. – So langsam könnte sie wirklich auftauchen! – Wer heute wohl Dienst hat?

Alina, meine Alina. – In ihren jungen Jahren war sie nächtelang mit ihren Freunden in der Disco. Dort traf sie auch Ralf. Immer hatte ich Angst, dass ihr etwas Schlimmes zustoßen könnte. Ein Autounfall auf dem Heimweg etwa. –

In diesen Jahren habe ich viel gewartet, eigentlich nur. Auch auf Johannes. Der kam immer später am Abend. Seine Kollegen wollten ihn nicht gehen lassen. Das hat er behauptet. Gelogen war das. Eines Tages er kam heim und packte seine Sachen und zog bei Gerlinde ein. – Alina zog bei Ralf ein. – Sie war für immer weg, das wusste ich. Aber auf Johannes habe ich gewartet, zwei oder drei Jahre lang. Immer gehofft, dass er zur Besinnung kommt. Dann wurde die Scheidung ausgesprochen. Ich habe weiter auf ihn gewartet. Erst als

Johannes noch einmal Vater wurde, hab ich mit dem Warten aufgehört. Das geht nicht einfach so von einem Tag auf den anderen!

Halb neun. Dieses Mal werde ich aber mit der Schwester schimpfen! –
Die kann mich doch nicht so lang warten lassen!

Früher waren Alina und die Enkel öfter da. Bevor ihr Ralf abgehauen ist. Mit seiner Sekretärin. Wie im billigen Film. – Alina hat nun viel zu tun und kann auch nicht immer so zu mir kommen, wie sie will. Oder vorgibt zu wollen. Bei ihrem letzten Besuch hab ich sie gefragt, wann sie wiederkommt. Sie zuckte nur mit der Schulter. Drei Wochen ist das her. Sie hat seither auch nicht angerufen.

Eigentlich warte ich nur noch auf die Schwestern. – Auf das Essen auf Rädern. – Dass die langen Nächte vorübergehen. Es endlich hell wird. – Das Licht! – Wie schön das Licht ist! – So hell war es noch nie. – Ich bin müde und leicht zugleich. Wie geht das? Die Augen hab ich zu, aber das Licht bleibt. Es wird immer heller. – Mutter und Vater und Roland stehen in diesem Licht. Sie warten auf mich.

Matthias Zech

daache wu ich waarde du

herbschd

s gebt daache

do

bin ich
fer e paar aachebligg
e grooes braunes blatt
im herbschd
verderzeld
schun dood
lang devoor
wu s de wind
uff de bodde
nunner danse
lossd

do

krich ich dann aachewasser
wann d sunneschtrahle
vun d bliede
im friejohr
verzehlen

Matthias Zech

rechne

s gebt daache

do

duds rechne
de ganze liewe lange daach lang
duds rechne un rechne un rechne
was de himmel hergebt
un s hert un hert net uff

un ich hock do
de ganze liewe lange daach lang
un in mir duds rechne un rechne un rechne
was de kopp hergebt
un s hert un hert net uff

wie viel zeit werd mich des koschde
kann ich des in finf minudde mache
langt des noch fer des un des
springt unne ach was raus
un s hert un hert net uff

do

hock ich dann do
un her zu un drauß
duds rechne
rechne un rechne un rechne
de ganze liewe lange daach lang
un s hert un hert un hert net uff

Matthias Zech

bombe

s gebt daache

do

froocht mer sich
was
sich de liewe gott debei gedenkt hot
wann e bomb hochgeht odder
wann änner langsam
wennicher werd odder
wann en fliecher vum himmel
fallt

do

isses dann gut
wanner
net do is

mer deed em doch norr
aarich aarich
vorwirf
mache

Matthias Zech,

de dood

s gebt daache

do

do kummder
do schdehder newerm bett
do guggder mer in d aache

habn net gerufe
hab mern net gholt
hettn net gebraucht

do isser
un dud waarde
werwääß
wie lang noch

Matthias Zech

engel

s gebt daache

do

frooch ich mich
warum
grad ich
wie hab ich
des verdient ich
hab doch nix gemacht ich
kann doch gar nix
dodevor

do

isses dann gut wann
sich mein Schutzengel zumer
setzt sei hand uff
mei hääßie stern
lecht un die schatte
aus m hern
sträächle dud

Mondnacht

Monika Boess

Schiffe zählen

Das Haus in der schmalen Gasse. Ein altes Haus. In bunten Butzenscheiben bricht sich letztes Sonnenlicht. Ganz nah ist der Fluss.

Sie sitzen bei Kaffee und Kuchen in der Stube mit dem hohen Kamin. Hildegard und Hiltrud. Schwestern sind sie.

Erinnerungen stellen sich ein – und sie erinnern sich gern.

Fünf Kinder waren sie im Haus »Zur Münze« gewesen, damals in den 50er-Jahren. Die Verhältnisse waren angenehm, geborgen fühlten sie sich darin. Da gab es Tanten, Onkels, Großmütter, Kreuzkusinen und Schwippschwager.

Eine katholische Kindheit mit Rosenkranzandachten und Bittprozessionen, ein Kosmos glückstrahlender Bilder – in der Erinnerung. Ungefilterte Wahrnehmung.

Verstimmungen und Familiengeheimnisse blieben außen vor.

So hielt sich der Vater gern in seiner Jagdhütte im Soonwald auf. Es hieß, er, der Edmund Ackermann, habe bei der Lilly Lichtenthäler die drei Lastkähne auf dem Rhein gesehen, sonst wäre er bei Kati, der Serviererin aus dem »Goldenen Topf«, geblieben.

Kati hatte einen Sohn. Peter.

In den Gassen spielte er mit Ackermanns Kindern. Peter war stärker als Werner und schneller als Gisela. Vor der Grabplatte des Ritters Johann in der Pfarrkirche warteten sie einmal, bis sich die Dämmerung ins Kirchschiff eingeschlichen hatte. Gisela wollte einen Geist aufwecken und Peter hatte ihr versprochen, ihn einzufangen. Als es plötzlich so tückisch vom Goldaltar

her leuchtete, flüchteten sie zum Kirchenportal raus. Sie glaubten, ein grässliches Lachen gehört zu haben.
Zwei wilde Gassenkinder, Peter und Gisela.

Beim Mittagstisch sagte Gisela, sie würde den Peter einmal heiraten. Zwölf Jahre war sie damals alt. Die Mutter wurde kreidebleich und der Vater hüstelte verlegen. Später hörten sie die Eltern lange miteinander streiten.

Peter lernte Elektriker, die Ackermannkinder gingen aufs Gymnasium. Richtig schlau aber war nur Werner. Als Salesianerpater lebt er heute in Peru.

Peter stürzte mit seinem Motorrad in den Serpentinen am Berg.
Da hatten sich seine Wege und die der Ackermanns schon verlaufen.

Die Großmütter Ackermann und Lichtenthäler waren sich nicht grün. Ackermanns Rosa war dick und lustig, »lüstern«, raunte es hinter ihr her. Das Leben sei zu kurz, um Trübsal zu blasen, paukte sie den Enkeln ein.
Lichtenthälers Magdalena badete in Frömmigkeit, was für die Enkel Wallfahrt zum »heiligen Rock« nach Trier bedeutete. Auch sonstige Wallfahrtsstätten lief sie eifrig mit ihnen ab.
Oma Rosa zog es nicht zu Gnadenbildern hin. Mit ihr ging es über den Elfenley hoch auf die Hunsrückhöhe in das Dorf, in dem ihre Vorfahren gelebt und in den Schieferbrüchen ihre Gesundheit verloren hatten.
Im Sommer fuhren sie mit dem Nachen rüber zur Au im Rhein. Seltsame Insel der Einsamkeit. Ulmen von Waldreben und Efeu umschlungen. Ausgehöhlte San-

dufer, dahinter dichtes Weidengebüsch. Halbverschollene Stille.

Sie schwammen in den blaugrünen Fluten. Fischreiher hoben sich aus den Gräsern auf. Durch den Wasserwald der Krüppelweiden erreichten sie die Hütte des Großonkels. Ein seltsamer Kauz war der Oswald Ackermann schon. Hauste für sich allein auf der Insel im Strom.

»Er hot sei Gründ!«, sprach Oma Rosa und ein seltsames Unbehagen schlich sich in die Stimmung ein. Es gab eine Welt hinter dem Kindheitswall. Er hatte darin gelebt. Später, viel später verstanden sie, was geschehen war: Oskar hatte Dachau überlebt.

»Als ich heit vum Zug aus die Au gesehe hab, hon ich richtig schlucke müsse. War das scheen, Hildegard!«

»Hosch de die Schnake vergesse, Hiltrud?«

»Jo. Sin das vielleicht Blutsauger gewese! Heit is do Ruh mit!«

Hildegard deckt den Kaffeetisch ab. Ihr Gang ist schwer. Das neue Hüftgelenk taugt nicht viel.

Hiltrud hat ihren Mann verloren. Paul. Ein Nachbarsjunge war er. Sie hatten berufsbedingt die Stadt verlassen. In Frankfurt fühlt sie sich jetzt allein nicht wohl. Sie denkt daran, zur Schwester ins Haus »Zur Münze« zu ziehen. Hildegard ist immer dageblieben. Schulleiterin war sie an der örtlichen Grundschule gewesen.

Und das Erinnern setzt wieder ein.

»Weeßt de noch, wie de Werner die Puppe getauft hot? Hinne im Schuppe. Die Mama war sauer wege de Gardine, aus der mir das Messgewand gemacht hatte!«

»Das war unser Gisela!«

Sie lächeln sich an.

Gisela, dieses glückstaumelnde Kind. Naschhaft und übermütig. Eine lebensfrohe Frau wurde aus ihr – bis die Krankheit sie besiegte.

Sie fehlt. Immer noch.

Und Barbara? Die Jüngste. In Sydney lebt sie. Hiltrud und Paul besuchten sie einmal. »Stell dir vor, Hildegard, es war bei uns Winter, un do hot die Sunn gebrennt. Weihnachte mit em Plastikbaum«, erstaunt sich Hiltrud wieder.

»Unser Barbara wollt immer fort. Mir sin der zu verhockt!«

»Jo, so kann se dann an Weihnachte draiße grille, Hildegard!«

Sie schauen sich an und kleine Erinnerungsgespenster tanzen durch den Raum. Winterland am Rhein. Frühe Dunkelheit.

Die Schlittenbahn durch den Burggraben. Halberfroren kehrten sie heim. In der Küche schürte Oma Lichtenthäler das Feuer und auf der Ofenstange trockneten die Kleider vom Vortag noch. Es knisterte das Holz und die Wärme der Stuben tat gut. Eine hübsche Fichte stand schon in der Ecke. Aus ihr würde bald ein geschmückter Weihnachtsbaum werden. Der Vater hatte ihn aus seinem Jagdrevier im Soonwald mitgebracht. Frisch geschlagen. Das Fest war nah.

»Mir sin glückliche Kinner gewese, Hildegard?«, sagt Hiltrud auf einmal.

»Jo, mir hatte viel Glück gehabt!«
»Gehe mir runner zum Rhoi!«
»Schiffe zähle!«
»Un warte, bis es dunkel werre duud!«

Renate Demuth

Warten

Warten definieren.
Warten als Fessel:
Sekunden zählen –
Minuten und Stunden zählen –
Tage, Wochen, Monate und Jahre zählen.
Die Zeit zerrinnen sehen
in Hilflosigkeit,
in Traurigkeit,
in Resignation.
Oder
Warten als Chance:
Zum Durchatmen Zeit haben –
zum Träumen Zeit haben –
zum Davonfliegen Zeit haben.
Wunderbare Vision:
Ich, die erdgebundne Waage,
himmelstürmend, wolkenfassend,
fluggewaltig wie ein Greif.

Jessica Engel

Über das Ankommen

Stopp!
Stehenbleiben.
Tief durchatmen.
Die Augen schließen.
Schweigen.

Ich höre.
Ich spüre.

Einfach nur sein.
Jetzt sein.
Da sein.

Erst jetzt weiß ich, wo ich bin.
Erst jetzt bin ich da.
Erst jetzt kann ich weitergehen.
Nur so werde ich ankommen.

Jessica Engel

Meer

Meer
Endlose Weite
Unergründet liegt manches Blau im Dunkel
Und mancher Widerspruch spiegelt sich auf deinem Grund
Meer
Stetiges Auf und Ab
Metapher des Lebens
Unsern Ursprung vermuten wir in deiner Kraft
Und als wir vergaßen zurückzukehren
Schenktest du uns deine Tränen
Meer
Nasser Himmel und Wasserwüste
Am Ende stürzt du den Horizont
Und ziehst ihn mit in unbekannte Tiefe
Dein Rauschen gräbt sich ein in unsere Köpfe
Im selben Muster wie die Wellen den Sand zu unseren Füßen formen
Endlos klingt es in uns nach
Und seine Echos suchen in unseren dunklen Tiefen
Das Weite ...

CHRISTIANE KLUGE

mondnacht

vollmond
komme wieder
in unseren garten

sieh mich an
unter dem
nackten
holunder

warte ich
auf dich

dein licht
lässt meine
haut leuchten

mild und frei

Christiane Kluge

im reich der biber

auenland
und ein fluss
mit ruhigen armen

kleine pfade
im gras
kreuzen
die großen
stürzen hinab

altwasser
liebster
wie in deiner
urheimat

mikado
aus stämmen
hier ist die burg

hör doch
das klappern
gehört zum
zahnwerk

am ufer
zwerge und riesen
gefällt
und geschält

hinter dem damm
einsam der schwan
im schwarzen wasser
dunkel die luft
unter kahlen eschen

alte riesen
auf halbem fuß

tapfere tote
aufrecht
im ring
ohne rinde

am wegrand
die botschaft
in biberschrift

Christiane Kluge

männliche und weibliche

die bäume
wie die flüsse

nahe

der baum

die linde – die eiche – die lärche – die esche -
die kirsche – die eibe – die weide – die pappel -
die fichte – die kiefer – die kastanie – die birke -
die erle – die ulme – die buche – die tanne

der holunder – der wacholder – der ahorn

der fluss

die saale – die elbe – die fulda – die werra -
die ilm – die donau – die weser – die wupper -
die oder – die elster – die isar – die leine -
die pleisse – die neisse – die havel

der regen – der main – der rhein

und fernere

bäume

die palme – die mangrove – die araukarie -
die zypresse – die zeder – die feige

der eukalyptus – der mammutbaum -

der gummibaum – der affenbrotbaum -
der lebensbaum

flüsse

die seine – die weichsel – die themse – die rhône -
die wolga – die lena

der inn – der tejo – der nil – der jenissei -
der amur – der bikin – der ebro – der po -
der niger – der sambesi – der hudson -
der mackenzie – der colorado – der mississippi -
der amazonas

REINER KRANZ

dahin wo sommer war

kehren wir nie mehr zurück
nicht unter diese eine sonne
nicht in diese leichten tage

schwerer das licht
bis es fehlt

aber dann liegt
das erinnern
neben uns
keinem halm
das grün krümmend

all die tage
da der sommer
noch nicht wusste
warum wir ihn begehrten

und wir zu scheu
es ihm zu sagen

REINER KRANZ

davon

von diesem regenschirm
der roten weste
den ahornblättern
auf der windschutzscheibe

eines konnte
ich retten
bis zu mir

von der hand
die den regenschirm hielt
die mich grüßte
als käme ich
ginge nicht

von dieser hand
werde ich
in irgendeiner
der kommenden
nächte erwachen

ein traum
in rot
in kommen
und gehen
und mensch

und ahorn

Reiner Kranz

erde bin ich

in allen farben
in jedem licht
unter jedem himmel

erde bin ich

unter jedem
deiner träume

Katharina Mattich

Dauergast

Sperlingsspektakel
unter den Platanen
weit im Hinterland
über dem Meer
verweilen unsere
Sänger des Sommers
Nur die Sperlinge
fürchten den Winter nicht
sie bleiben hier
hüpfen im Schnee umher
streiten zanken tschilpen
immer das gleiche Lied
doch jedes mal
eine andere Melodie

KATHARINA MATTICH

Es war

Es war Licht
für mich
damals
in der Not
Nun suche ich
nach Gestern
verschob das Warten
auf später
vergaß das Heute
hinter der Hoffnung

KATHARINA MATTICH

Licht

Meiner Träume schönste Bilder
leben im Reich der Phantasie
Nun bin ich heimgekehrt
in die Wirklichkeit des Daseins
Wate durch den Fluss
schaue in funkelnde Ferne
sehe flimmerndes Licht
glänzendes Silber Vollmondzauber
Mildes Licht im Nachtblau

Katharina Mattich

Dezembersonne

Die Sonne blickt durch das Astgewirr
taucht den Tag in Gold
Reif glitzert auf den Wiesen
aus dem Tal steigt Nebel
lässt auf Dächern kleine Lichter leuchten
Blätterlos die Bäume vor dem Haus
dürres Gras am Straßenrand
abseits der Straßen
schaut vom Hügel ein Kirchlein
verträumt ins Land
Ein Luftzug hüpft vergnügt
über Wiesen und Hain
höher steigt die Sonne
lächelt zufrieden
in den milden Dezembertag

Frigga Pfirrmann,

Während ich warte ...

zerstreut sich meine Aufmerksamkeit.

Ich sehe hinaus in meinen verwahrlosten Garten.

Die geschäftige Natur kommt nun zum Stillstand.
Die vertrockneten Blütenzweige erheben Klage.

Der Sommer ist vorbei. Die goldenen Tage sind vorbei.

Heute ist ein kalter und regnerischer Nachmittag.

Ich sitze in meinem Dachzimmer mit den schrägen Wänden und warte, wie so oft.

Auf einen Menschen, eine Gelegenheit, eine Eingebung, auf Frieden, ein gutes Wort.
Auf die Erleuchtung schlechthin.

Ich nehme mir die Zeit, ich warte und träume.

Mein Lebensfaden lodert nicht, er glimmt.
Mir fehlt eine zündende Idee, um mein Feuer wieder anzufachen.

Die Gedanken schweifen ab.
Während ich warte, staune ich über die Irrwege des Lebens.

Plötzlich brechen lichte Sonnenstrahlen durch die unruhigen Wolken am Himmel.

Sie wirken wie Arznei auf meinen Kopf, meine Seele und mein Herz.

Wie schön und zur rechten Zeit!

Wolfgang Schuster

die zeit verwundet
alle heiler
und mein glaube versetzt
die berge
an einen falschen ort
während ich warte
mit gottvertrauen
aber ohne gott

Autorenverzeichnis

Sabrina Albers lebt und arbeitet in Speyer. Mitherausgeberin der Literaturzeitschrift »Kettenhund«. Verschiedene Veröffentlichungen in Zeitschriften. Veröffentlichung eines Erzählbandes. Veranstaltet Ausstellungen, Konzerte, Führungen und Lesungen. Homepage: www.sabrinaalbers.com.

Dr. Marianne Baun, in Langwieden (Kreis Zweibrücken) geboren, in Pirmasens aufgewachsen, studierte Pädagogik, Sonderpädagogik, Philosophie u.a. in Kaiserslautern, Landau, Worms, Mainz und Frankfurt. Lebt und arbeitet heute als Autorin von Erzählungen und Aphorismen sowie als Kirchenmusikerin in Kirchheimbolanden. Langjähriges Mitglied im Literarischen Verein sowie im Schriftstellerverband. Homepage: www.m-baun.de.

Joachim Becker, geboren 1991 in Speyer, wohnt in Steinweiler, Student der Germanistik und Geschichte an der Universität Mannheim.

Lilo Beil, geb. 1947, aufgewachsen u.a. in der Südpfalz, wohnt in Birkenau. Sie schreibt seit vielen Jahren Krimis, Erzählbände und Tiergeschichten und beteiligt sich an Anthologien. Sie ist langjähriges Mitglied im Literarischen Verein der Pfalz, im »SYNDIKAT« und im »Scheffelbund«. Homepage: www.Lilobeil.de.

Monika Böss studierte Mathematik und Sozialwissenschaften. Seit den 1990er Jahren veröffentlichte sie viele Romane und Erzählungen, die oft in Rheinhessen angesiedelt sind. Ihr literarisches Werk wurde mehrfach ausgezeichnet (2003 Martha-Saalfeld-Förderpreis, zweimal der Preis der Kulturstiftung des Landkreises Mainz-Bingen). Mehrere Auszeichnungen auf Mundartwettbewerben. Organisatorin zahlreicher literarischer Projekte, unter anderem Kultursommer Rheinland-Pfalz, Rheinland-Pfälzische Literaturtage in Ludwigshafen, Bingen und Worms. Von 1995 bis 2009 Leitung der Literaturgruppe Wachtenburg in Wachenheim. Langjähriges Mitglied im Literarischen Verein der Pfalz und im Schriftstellerverband. Sie lebt in Mörsfeld.

Knut Busch, Jugendhelfer im Ruhestand. Er schreibt Kurzprosa auf Pfälzisch und Hochdeutsch. Mit seinen Mundartwerken war er bei Dichterwettbewerben in Bockenheim und Gonbach erfolgreich. Mitglied im Literarischen Verein, wohnt in Kriegsfeld.

Manfred Dechert, geb. 1957, Schriftsetzer, Autor von Kurzgeschichten, Gedichten, Mundart-Szenen. Veröffentlichungen in Anthologien, Zeitungen, Literaturzeitschriften und im Internet. Zahlreiche Preise bei Mundartwettbewerben. langjähriges Mitglied im Literarischen Verein der Pfalz, in der Autorengruppe »Räuber 77« und der »Literatur-Offensive«. Lebt in Ludwigshafen.

Renate Demuth, Jahrgang 1944, begann 2000 mit dem kreativen Schreiben. Sie verfasste Gedichte und Kurzgeschichten, war Gründungsmitglied der Kaiserslauterer Autorengruppe »Mitternachtsschreiber«, gewann mehrmals Preise beim Literaturwettbewerb der Kreisvolkshochschule Südwestpfalz. Inzwischen über 30 Auszeichnungen, größtenteils für Lyrik und Prosa in Mundart, aber auch für Prosa in Hochdeutsch. Ihre Texte finden sich in Anthologien. Sie ist langjähriges Mitglied im Literarischen Verein der Pfalz.

Katharina Dück, geboren 1982 in Karaganda/Kasachstan, studierte Philosophie, Germanistik, Biologie und Pädagogik in Heidelberg und Graz. Sprachwissenschaftlerin am Institut für Deutsche Sprache in Mannheim und promoviert in Philosophie. Sie ist Mitbegründerin des Heidelberger Dichterkreises KAMINA. Ihr Lyrikdebüt erschien 2016. Mitglied im Literarischen Verein der Pfalz. Homepage: www.katharina-dueck.de

Jessica Engel, geboren 1984 in Stuttgart, Studium der Sonderpädagogik auf Lehramt in Heidelberg, lebt und arbeitet in Heidelberg. Beiträge in Anthologien, ein Lyrikband.

Karin Firlus, wohnt in Speyer. Englischlehrerin und -übersetzerin. Sie schreibt Geschichten, Erzählungen und Romane. Betreibt in Speyer die Literaturgruppe, »Textträumer«. Mitglied im Literarischen Verein der Pfalz.

Gerd Forster, geb. 1935 in Ludwighafen, studierte Musik, Philosophie und Germanistik in Heidelberg. Bis 1998 Lehrer an einem Gymnasium in Kaiserslautern. Er schreibt Romane, Erzählungen und Gedichte. Er gehörte der Redaktion der Pfälzer Kulturzeitschrift »Chaussee« an und gab von 1976 bis 1982 die Literaturzeitschrift »Formation« heraus. Mitglied des Verbands Deutscher Schriftsteller und des Literarischen Vereins der Pfalz. Er lebt in Eulenbis.

Birgit Heid, Studium der Betriebswirtschaftslehre in Nürnberg, lebt seit über 20 Jahren in Landau. Sie schreibt Lyrik, auch Haiku, Märchen und Kurzgeschichten. Eigene Veröffentlichungen und Beiträge in Anthologien. Seit 2016 erste Vorsitzende des Literarischen Vereins der Pfalz e.V., außerdem Sektionsleiterin Landau, Autorengruppe »Worthelden«. Mitglied der Deutschen Haiku-Gesellschaft. Lebt in Landau. Blog: www.noemipoesie.blogspot.com.

Marius Hornisch, 1987 geboren. Schrieb Kurzgeschichten, einen Science Fiktion Roman, eine Fantasy-Fan-Geschichte für ein Computerspiel. Mehrere Preise der Schreibwettbewerbe der Hochschule Mannheim. Mitglied in der Rhein-Neckar-Autorengemeinschaft »Lesezeit«.

Natascha Huber, 1986 bei Passau geboren, wohnt in Frankenthal. Sie schreibt Lyrik. Veröffentlichung eines Gedichtbandes sowie Gedichte in Anthologien. Seit 2016 2. Vorsitzende des Literarischen Vereins der Pfalz, außerdem Leiterin der Sektion Ludwigshafen. Teilnehmerin der Darmstädter Textwerkstatt.

Gisela Hübner-Dross, geb. in Ballenstedt/Sachsen-Anhalt, lebt seit 1983 in Heidelberg. Mitglied der »Litaratur-Offensive«. Zwei Lyrikbände, Lyrik- und Prosabeiträge in Anthologien, Hörbüchern und politischen Heften.

Albert H. Keil, Jahrgang 1947, lebt in Dirmstein. Er ist Pfälzer Mundartdichter und Buchautor. Zwei Literaturpreise und mehr als 40 Pfälzer Mundartpreise. Langjähriges Mitglied des Literarischen Vereins der Pfalz.

Katrin Kirchner, aufgewachsen in Bonn und Bad Honnef, lebt seit vielen Jahren in Mutterstadt. Journalistin und Autorin. Schreibt Gedichte, Erzählungen, Romane und Kinderbücher. Langjähriges Mitglied im Literarischen Verein der Pfalz, im Schriftstellerverband, im Literaturwerk Rheinland-Pfalz-Saar und in »kunstfaser«. Homepage: www.katrin-kirchner.de.

Christiane Kluge, geb. 1961 in Jena, wohnt seit zehn Jahren im Kraichgau. Sie schreibt Lyrik, bevorzugte Themen sind Natur und Alltag. Veröffentlichungen in der Zeitschrift »Gedichtekarussell« und im Internet.

Reiner Kranz, Jahrgang 1961 in Schutterwald/Ortenaukreis. Lebt in Bad Schönborn. Lyriker und Blogger. Beiträge in Anthologien, eigene Gedichtbände. Blog: www.schneewanderer.blogspot.de.

Margit Kraus, geboren 1952, studierte Germanistik, Anglistik, Linguistik und Soziologie. Fremdsprachenkorrespondentin. Sie schreibt Lyrik und Prosa. Eigene Veröffentlichungen. Langjähriges Mitglied des Literarischen Vereins der Pfalz. Lebt in Rheinauen/Waldsee.

Michael Landgraf, Jahrgang 1961, lebt in Neustadt an der Weinstraße. Er studierte Evangelische Theologie, Philosophie und Geschichte in Heidelberg und Göttingen und arbeitet als Fortbildungsdozent, Schriftsteller und Theologe. Aus seiner Feder stammen Sachbücher, Erzählungen, Romane und Lyriktexte. Preisträger beim Bockenheimer Mundartwettbewerb. Er ist Vorsitzender des Schriftstellerverbandes Rheinland-Pfalz und Mitglied im Literarischen Verein der Pfalz, Leiter der Sektion Neustadt und der Autorengruppe »Textur«. Homepage: www.michael-landgraf.de.

Katharina Magdalena Mattich, geb. 1929 in Iwanda/Rumänien,. Nach Umsiedlung, Internierung, Zwangsarbeit und Aussiedlung folgte 1952 der Zuzug in die BRD. Schreibt Gedichte. Drei Bücher sind veröffentlicht. Beiträge in Tageszeitungen, Illustrierten, Anthologien und im Internet. Langjähriges Mitglied im Literarischen Verein der Pfalz. Lebt in Speyer.

Thomas M. Mayr, Jahrgang 1955, wohnt in Kirchheimbolanden. Studium der Ethnologie, Pädagogik und Humanmedizin in Koblenz und Mainz. Lebte in Kolumbien, langjährige Menschenrechtsarbeit, Arzt für Psychosomatische Medizin. Schreibt Kurzgeschichten, Kürzestgeschichten, Erzählungen, Gedichte und ein Hörspiel. Preise beim Mundartwettstreit Bockenheim und Hildesheimer Lyrikwettbewerb. Organisator der Donnersberger Literaturtage. Langjähriges Mitglied des Literarischen Vereins der Pfalz.

Regina Pfanger, geb. 1957 in Landau, studierte Germanistik und Theologie und lebte fünfzehn Jahre lang in Afrika. Sie ist Lehrerin in der Südpfalz, schreibt und veröffentlicht Romane und Gedichte. 2017 Publikumspreis des Mundartwettbewerbs Dannstadter Höhe. Mitglied des Literarischen Vereins der Pfalz.

Frigga Pfirrmann, Künstlerin und Autorin. Nach beruflichen Stationen in Berlin lebt sie in Landau. Schreibt Gedichte und Kürzestgeschichten. Ihre Werke illustriert sie auch selbst. Sie ist Mitglied des Literarischen Vereins der Pfalz.

Peter Reuter, Jahrgang 1953, lebt in Kapellen-Drusweiler. Mitbegründer der Literaturzeitschrift «WORTSCHAU». Zahlreiche Veröffentlichungen in Zeitschriften und Anthologien sowie eigene Bücher. Mitglied im Verband der Schriftsteller Rheinland-Pfalz und im Literarischen Verein der Pfalz.

Karin Ruppert, geboren 1936 in Speyer, seither mit kurzer Unterbrechung 1959/60 dort wohnhaft. Studium der Romanistik in München und Freiburg, Übersetzer-Examen in Germersheim. Interesse an Literatur und an Lyrik besonders des 19. Jahrhunderts. Sie schrieb Kurzgeschichten und Gedichte, Veröffentlichungen in Anthologien und erhielt zahlreiche Mundartpreise. Langjähriges Mitglied im Literarischen Verein der Pfalz. Karin Ruppert verstarb am 26. Mai 2017.

Ingrid Samel, lebt in Schriesheim. Studium der Germanistik und Romanistik in Marburg, Arbeit als wissenschaftliche Sprachberaterin, freie Lektorin, Schriftstellerin und Redakteurin. Sie verfasst Sprachglossen, ein Lehrbuch, Kurzgeschichten, Kindergeschichten, Fabeln und Romane, Publikationen in Zeitschriften. Mitglied der Darmstädter Textwerkstatt, Mitglied der Literatur-Offensive.

Margot Hella Scherr, in Oggersheim geboren und aufgewachsen. Lebt in Dannstadt. Sie organisierte von Mitte der 90er-Jahre bis 2010 die Literatur-Werkstatt Ludwigshafen-Mannheim und hatte einige Jahre die Sektion Ludwigshafen des Literarischen Vereins der Pfalz inne. Mitbegründerin der Künstlerinnengemeinschaft »kunstfaser«. Mehrere Poetikpreise, Preisträgerin im Bockenheimer Mundartwettbewerb. Verschiedene Publikationen. Sie ist langjähriges Mitglied des Literarischen Vereins der Pfalz.

Petra Scheuermann, in Frankenthal geboren, lebt seit vielen Jahren in Mannheim. Von Beruf Sozialarbeiterin, Heilpädagogin und Erzieherin, widmet sie sich heute intensiv dem Schreiben. Verfasste zahlreiche Kurzgeschichten sowie Genusskrimis. Sie ist Mitglied im

Verband deutscher Schriftstellerinnen und Schriftsteller, im »SYNDIKAT«, bei den »Mörderischen Schwestern« und im Literarischen Zentrum Rhein Neckar e.V. »Die Räuber '77«. Homepage: www.petrascheuermann.de.

Traudel Scheurlen, geboren 1947 in Saarbrücken, lebt in Dannstadt. Studium der Germanistik und Anglistik in Heidelberg. Lehrerin. Schreibt Lyrik und Kurzprosa. Langjähriges Mitglied des Literarischen Vereins der Pfalz.

Jobst Schöner, geboren 1934 in Bremen. Nach Evakuierung und Umzug lebt er seit 66 Jahren in der Kurpfalz. Verfasste Kurzgeschichten und veröffentlichte seine Erinnerungen an den zweiten Weltkrieg. Mitglied der »Literatur-Offensive«. 2014 kleinerer Literaturpreis für eine Kurzgeschichte.

Elisabeth Schuster, geboren 1966 in Friedrichshafen, lebt in Speyer. Studium der Restaurierung und der Gregorianik in München, acht Jahre Benediktinerin in Eichstätt und Subiaco (Italien). Meisterprüfung für Buchbinder, Preisträgerin beim 2nd International Designer Bookbinding Competition 2013. Sie arbeitet als Restauratorin. Ausbildungen in Heilsamer Klangkunst und Tanztherapie. Sie schreibt Lyrik.

Wolfgang Schuster, geb. 1952 in Speyer, nach dem Abitur Studium der Germanistik und Politologie in Heidelberg, bis 2006 Oberstudienrat in Speyer. Er ist Musiker und Lyriker. In den 70er-Jahren Autor und Mitherausgeber der »Hundeblume«. Veröffentlichungen in Zeitschriften und Anthologien, mehrerer CDs sowie eines Lyrikbandes. Langjähriges Mitglied des Literarischen Vereins der Pfalz. Homepage: www.wolfgangschuster.com.

Lothar Seidler, geb. 1957 in Nürnberg. Schreibt vor allem (Kurz-)Prosa über die alltäglichen Absurditäten und Zufälle, bewohnt Heidelbergs kleinstes Verlagshaus. Mehrere eigene Veröffentlichungen. Wirkt bei der Autorengruppe »Die Literatur-Offensive« und bei »Literaturnetz Heidelberg« mit. Promovierter Diplombiologe, übersetzt und lektoriert freiberuflich naturwissenschaftliche Fachtexte aus dem Englischen. Homepage: www.litoff.de.

Sonja Viola Senghaus, geb. 1948, lebt und arbeitet in Speyer. Mitglied im Schriftstellerverband, in der Künstlerinnengemeinschaft »GEDOK« und im Literarischen Verein der Pfalz, sie ist Sektionsleiterin in Speyer, der Autorengruppe »Spira«. Mehrere Buchveröffentlichungen sowie Anthologiebeiträge. Sie schreibt Lyrik und ist aktuelle Preisträgerin des Mannheimer Literaturpreises der »Räuber 77«. Homepage: www.tonartlyrik.de.

Roswitha-Petra Weißbach, 1961 in Speyer geboren. Studium der Germanistik in Mannheim. Sie schreibt Kurzgeschichten und ist Mitglied der Speyrer Autorengruppe »Textträumer«.

Heinz Ludwig Wüst, geb. 1950 in Speyer, wohnt in Gleisweiler an der Weinstraße. Er arbeitete als selbstständiger Handwerker im heiztechnischen Bereich. Schreibt Gedichte in Pfälzer Mundart. Zwei Buchveröffentlichungen. Mitglied im Literarischen Verein der Pfalz. Homepage: henry.dipago.de.

Matthias Zech, aufgewachsen in Neustadt, Studien in Würzburg und Paris, lebt in Speyer. Er schreibt Lyrik auf Pfälzisch und Hochdeutsch. Bei Mundart-Wettbewerben in Bockenheim, Dannstadt, Gonbach, Alzey, Völklingen und auf der Sickinger Höhe war er oftmals Preisträger. 2015 landete er beim Mundart-Wettstreit in Bockenheim auf dem ersten Platz. Veröffentlichung eines Lyrikbandes. Er ist Mitglied im Literarischen Verein der Pfalz. Homepage: www.matthias-zech.de.

Die neue Anthologie des Literarischen V... beschäftigt sich mit dem Thema Warten... reichen Facetten. Beim Warten beginne... langsamer zu verrinnen, die Zeit scheint sich in die Länge zu ziehen. Bis sie allmählich in Vergessenheit gerät und der Wartende seinen vielschichtigen Gedanken nachgeht.

So wartet mancher hoffnungsvoll auf einen Freund, auf eine Möglichkeit der Selbstverwirklichung, auf ein Naturereignis, auf die Zugverbindung oder auf einen Kaffee, ein anderer Mensch wartet sehnsüchtig auf die Erlösung am Ende des Lebens. Hin und wieder wandelt sich ein ungeduldiges Warten in Gelassenheit.

„Gezogene Zeit" ist die Jahresgabe 2017 des Literarischen Vereins der Pfalz. 45 Autorinnen und Autoren beteiligten sich an der Ausschreibung und beschäftigten sich auf höchst unterschiedliche und unterhaltsame Weise mit dem Thema. Ihre Werke wurden von einer Jury ausgewählt.

ISBN 978-3-95428-238-8

www.wellhoefer-verlag.de

wellhöfer VERLAG